SCHOOL

CULTURE REWIRED

[美]

托德·维特克尔 史蒂夫·格鲁奈特

Todd Whitaker Steve Gruenert

著

如何定义、评估和改变学校文化

中国青年出版社
CHINA YOUTH PRESS

中青文传媒

★

HOW TO DEFINE
ASSESS AND
TRANSFORM IT

★

图书在版编目（CIP）数据

如何定义、评估和改变学校文化 /
（美）威特克尔，（美）格鲁奈特著；刘白玉，韩小宁，矫永芹译.
—北京：中国青年出版社，2016.2
（常青藤教育书系）
书名原文：School Culture Rewired: How to Define, Assess, and Transform It
ISBN 978-7-5153-4037-1

Ⅰ.①如⋯　Ⅱ.①威⋯ ②格⋯ ③刘⋯ ④韩⋯ ⑤矫⋯　Ⅲ.①校园文化 – 研究　Ⅳ.①G47

中国版本图书馆CIP数据核字（2015）第318291号

如何定义、评估和改变学校文化

作　　者：［美］托德·威特克尔　史蒂夫·格鲁奈特
译　　者：刘白玉　韩小宁　矫永芹
策划编辑：肖妩嫔
美术编辑：张燕楠
出　　版：中国青年出版社
发　　行：北京中青文文化传媒有限公司
电　　话：010-65511272/65516873
公司网址：www.cyb.com.cn
购书网址：zqwts.tmall.com
印　　刷：大厂回族自治县益利印刷有限公司
版　　次：2016年3月第1版
印　　次：2024年3月第4次印刷
开　　本：787mm×1092mm　　1 /16
字　　数：60千字
印　　张：11.5
京权图字：01-2015-2944
书　　号：ISBN 978-7-5153-4037-1
定　　价：49.90元

SCHOOL CULTURE
REWIRED *How to Define, Assess, and Transform It*

第一章
学校文化值得改善

CHAPTER 1

Defining Organizational
Culture

你是否注意到每家饭店的服务各不相同？有些饭店，你刚一进去，就会有热情友好的服务员快速地将你领到空桌旁，而有些饭店，你进去后根本找不到问话的服务员，更不用说会有人热情地欢迎你了，这种差别甚至还经常发生在同一家连锁店的不同饭店里！这到底是怎么了？同一家公司的两家饭店怎么会有如此大的差别？

　　我们时常也会在学校和社区里发现类似的差别。当你走进某些学校，会立刻感到自己很受欢迎；而走进另一些学校，则感觉自己像入侵者那样不受欢迎。在有些学校，老师离开讲台，在学生中间讲课，课程虽然讲的是复杂的技术，但学生们注意力却高度集中；而在另一些学校，老师却把讲台作为堡垒，站在讲台上的桌子后面讲课，学生们对课程要么不感兴趣，要么就注意力不集中。不过最终这两所学校的老师们都会告诉你，他们的讲课效果非常好。

　　为什么有些学校接受新观点，而有些学校却排斥它们呢？为什么有些学校的老师卷起袖子讲课，而有些学校的老师却耷拉着眼皮讲课？更重要的是，我们能做些什么来缩小这个差距？通常，学校和社区里的这些差别是因为他们长期以来尊崇的文化所致，学校要做到高效、优秀，教育管理者就必须明白他们身处的组织文化，并明白在必要时需要对学校文化进行改善。

■ 学校文化对教师和学生的影响不该被低估

此书旨在帮助你更好地理解学校文化的一般概念，了解你校文化的优势和劣势，最重要的是，你可以利用本书的精髓之处影响你校的文化，甚至塑造你校的新文化（见图1.1）。在本章的后半部分，你会了解到，在改善你校文化时，要做什么、期待什么，要注意哪些积极的信号和消极的信号。

为了改善你校的文化，你必须深入了解你校的组织灵魂，以及为什么某些行为和观点深入人心（这些行为和观点实际上经常得到学校文化的支持），所以，任何值得推广的新行为，如果要持续下去，都必须得到学校文化的支持。也就是说，学校文化对老师和学生行为的影响的确是不应该被低估的。

你可能在想，尽管人们会在某种情况下采取某种行为，但人们不是按照程序编好的机器人，一到学校就按照某种固定方式行动，对吧？事实是，建立学校文化的最终目的是让学校的所有成员，包括老师和学生，都按照某种可以预测的方式行事，并使用

图1.1

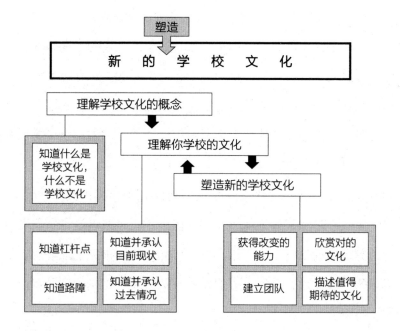

同一种思维模式。文化既是一种生存机制，又是一种解决问题的构架。如果团队里的每个成员都同意履行团队里的某个角色，那团队的生存机会就大得多。如果团队里的某些成员不履行自己的职责，团队的力量就会变弱；如果团队里很多成员不履行自己的职责，甚至犯错误，那么，团队就会被其他团队"吃掉"。在学校情境下，被"吃掉"就意味着效率不高的学校领导者会被撤职或调离，所以，文化，在某种意义上讲，正如霍夫斯泰德所指出的："是区分一个组织与另一个组织的集体智力编程"（1997，第180页）。

文化编程甚至给全体成员提供了一个在外部入侵时的免疫病毒保护，对一种文化来讲，任何的变革，都是一个病毒。

一种新文化的有效性取决于推动变革的人们的力量和现有文化的力量的对比。例如，设想一下，一位新的、富有超凡魅力的领导来到学校，面对的是目前缺乏凝聚力的文化。此领导采用富有说服力的技巧，从感情上紧紧吸引老师的注意力，就可能说服全体教员凝聚在他的价值观周围，从而形成新的学校文化（勒温，1051）。如果此领导具有足够的超凡魅力，此新文化就会很牢固、很难改变。当然，如果此领导的价值观不正确或者达不到如期目的，那事情就糟糕了。不过，如果你和你的同事完全理解什么是真正的学校文化，就不大可能让一位价值观不正确的领导者接管学校的管理。

一种新文化的有效性取决于推动变革的人们的力量和现有文化的力量的对比。

看一下你的周围你就会明白，那些管理不善的学校急需引入有责任心的管理人员。事实已经证明，教育管理者做得很差，因为他们一直在兜售一个理念——学校会从商业实践中受益。随着无效率商业领导者的队伍越来越长，在商业世界不成功的工商管理硕士越来越多地加入教育队伍，这就和真正的教育完全不吻合。

学习文化，和教堂文化与社区文化一样，是要远离成功的商业文化的。教堂与社区中心都是非营利的机构，他们是给当地居民提供居民所期望的服务的，而公司则是追求利润的，这两种文化哪个更适合学校?

■ 如何理解学校文化

埃德加·沙因、海尔特·霍夫斯泰德、克利福德·格尔茨、特里·迪尔、艾伦·肯尼迪都是研究组织文化方面的主要专家，他们的专业都是社会学。格尔茨指出：文化"不是寻找法律的实验性科学，而是寻找意义的解释性科学"(格尔茨，1973，第5页)。文化不是需要解决的问题，而是某个团队用之解决问题的架构；文化是让我们学习如何生存，将一个时代学到的东西传给下一代。从本质上讲，文化是人们努力将其应用于某个群体的不成文的规则，是这个群体学习的社会教化(沙因，1992)。在不同时期，文化也呈现出以下形式：

- 将人们凝聚在一起的社会胶合剂
- 我们在这里做事情的方式
- 舞台背后或台词之间的活动
- 真正发生的事情
- 区分我们和他们的行为模式
- 限制行为和思想的无形的力量

- 对新员工来讲，一系列奇怪的行为

- 深深地嵌入信念和理想中

- 不成文的规则

- 大脑的软件系统

- 主场的感觉

- 行为的默认模式

- 隐藏同化（感觉像是适应）

- 集体的意识

- 共享的社会反应

- 我们努力跳出的"条条框框"

- 你所在的组织能够学习的证据

- 受成员尊重的法典

- 潜在的权威系统

文化是让我们都上瘾的社会麻醉剂——只要我们在这个群体里，就会感觉良好。同一文化的成员愿意相互塑造，这样文化便发展为某一个群体的独特文化，在这个文化群体里，成员分享某些独特的共性，并为在此团队里而感到自豪，这便与其他群体区分开来（在学生的小团体内和亚文化里，这种动态的行为表现得非常明显）。随着团体成员对环境变化做出的反应，组织文化便得到了发展。正如霍夫斯泰德所指出的："当人们作为个体前进时，他们必须适应新环境的文化；当人们作为团队前进时，他们则带上了自己的文化。"作为学校领导者，就学校文化而言，他们应当问自己的基本问题是：是我们预测和管理文化，还是文化管理我们？换句话说，文化是我们门口的岗哨，还是我们床下的怪物？在下面的几部分，我们要展示几种方法，以确保你校的文化是积极的、健康的，并能够适应新的挑战。

第二章
学校文化与学校氛围

CHAPTER 2

Culture vs. Climate

理解学校文化概念的最好方法之一，就是将此概念与学校氛围的概念进行对比。尽管两个都很重要，但学校氛围既是学校文化的窗户，又是教育学校新成员的既定风气，表2.1列出了区分两个概念的方法。

表2.1　学校文化和学校氛围的区别

学校文化……	学校氛围……
是团队的个性。	是团队的态度。
让周一变得很痛苦。	周一到周五不同，二月到五月不同。
思考的方式有限。	创造了一种心态。
需要很多年才能形成。	很容易改变。
根据价值观和信念建立的。	根据认知建立的。
即使团队成员也感觉不到。	当你进入房间时，就能感觉到。
是我们的一部分。	在我们周围。
是我们在这里做事情的方式。	是我们在这里的感觉方式。
决定改变是否可能。	当进行积极的变革时，需要改变的第一件事。
在你的头脑中。	

■ 如何区别学校文化与学校氛围

个性与态度

如果文化是学校的个性，那么氛围则是学校的态度，两者的最大区别是，态度比个性容易改变得多。如何证明呢？你只需要向全校宣布："明天下大雪"，就会立刻发现：随着全体教师和学生态度的突然变化，学校的氛围立刻发生了变化。但是，宣布下大雪并不能改变学校的个性（即文化），不过大家态度（即氛围）的变化却让学校能够表明学校文化重视什么。在这种情况下，学校的氛围表明，文化价值观不仅仅来自学校，当然，改变个性比改变态度需要更充分的理由和更持续的努力。

如果你想挑战一种文化……那就问一下教师，他们为什么喜欢下雪天。

士气是文化的晴雨表

士气——学校成员的幸福程度，实际上是学校文化的特殊反应，对学校氛围会产生重要影响。在一所大楼里激发出高昂的士气需要一周7天、一天24小时的全天候努力，而不是全体教工出去吃一顿饭、抽抽奖、休息一天就能够一蹴而就的。士气能够快速改变：当业绩的数字变得比人重要时，当枯燥的电子表格取代有趣的故事时，当成员感到分配不公时，当未来变得暗淡时，在这个时候，学校领导者就要证明自己的非凡。关心员工的积极的学校领导者会集合队伍，安慰那些前途不明的员工，并通过鼓舞士气来改变学校的氛围。消极的学校领导者也会集合队伍，但在这种情况下，他们会同意教师是不公平制度的牺牲品。但无论后果如何，学校的氛围会反应学校士气的变化，如果学校文化允许，学校士气本身就会发生变化。

文化如何让我们很痛苦

星期一不是天生让人们痛苦的日子，但生活就是这样，对于我们大多数人来讲，休息了两天之后，周一则标志着忙忙碌碌一周的开始。结果是，跟其他时间比起来，很多老师在周一感到更昏昏沉沉，不愿意去工作。有些老师周一的效率非常低，不是因为他们真的很累，而是他们感觉自己就应该是这样。

现在，想象一下，一位教师在二月的一个天气很冷又下着雨的周一上午进入学校，她心情很好——她喜欢教师这份工作，喜欢她的学生，喜欢她的同事，她也因此表现了出来。当她面带微笑、脚步轻盈地走进教室时，她的同事会做出如何的反应？他们可能感到奇怪，她是怎么了？有些甚至会问："你为什么这么高兴？"他们这么做时可能面带微笑，但他们内心却想让她跟他们一样不高兴。相反的事情发生在周五下午：一些教师非常热爱他们的工作，所以当校车要离开时并没有跑出办公室，而是留下来继续工作，这些教师被认为是没有适应学校文化。这是因为，通过强化消极文化，孤立积极的教师会让消极的教师感觉更好。

学校的这种文化可能会使得一些教师周一抱有痛苦心态和周五等不及马上离开学校的心态，即使这些心态并不符合教师的真正感受。更重要的是，这种文化在告诉学生，实际上学生在周一也不应当来上学，到周末时也应该迫不及待地离开学校。文化向它的成员传递的是：成员应当赞美什么，应该忽视什么，应当期待什么。

如果你想挑战一种文化……那就庆祝周一的到来。

考虑一下下面这个氛围影响文化的例子。很多教师认为，师生晨会浪费时间。当学校的大多数教师都采取这种态度时，那么在晨会时，冷漠的氛围肯定占主导地位，这样，占主导地位的文化就会使用冷漠对组织晨会的教师进行排斥，或者暗示说，学校的其他活动也是浪费时间。如果发生这样的事情，便证明学校的文化失去了应有的作用。

对拥有价值观的人来讲，价值观经常是无意识的，因此，很难跟别人讲清楚。但是，外人能够观察到你的价值观，并且能够通过我们在不同情况下做事的方式、我们学校的固定组织结构、我们使用资源的方式推测出来，讲清楚价值观的难处在于精确的帮助人们说明价值观的可持续性（阿基里斯，2010）。如果你想塑造一种新文化，这就遇到问题了。消极的教师总是希望看到学校的种种失败，并以此为借口无所事事，当然他们也不愿意暴露自己的真实价值观。

~~~~~~

　　如果你想挑战一种文化……那就赞扬和尊重冒险精神。

~~~~~~

困在条条框框里的心态

　　当人们想方设法"跳出条条框框时"，他们所在的文化实际上就是那个"条条框框"。像宗教或其他代代相传的传统习俗一样，文化给我们提供了精神安全感。漫游在"条条框框"之外，可能是一种创新，但只是很短一段时间——人们不可能既漫游在文化的"条条框框"之外，又想得到文化"条条框框"之内的权利与好处。按照埃尔德和保罗的说法，留在文化"条条框框"之内的压力是群体集中论思维（2012）：将群体的标准和信念内在化，体现群体身份，按照我们所期望的行为行动，而一点也没有感觉到，我们的所作所为可能被质疑。因此，文化就定义为：文化所表达的意义对组织内的成员来讲是很正常的。

　　我们往往被群体吸引——也就是被群体文化吸引，在这个文化中，我们共享信念、爱好和目标，这样做，就增强了我们的安全，提高了我们的自尊。在文化中，存在亚文化，亚文化中的成员比文化中的其他成员更愿意分享自己的价值或兴趣。作为文化的成员，当特殊事件发生时，我们学着按照某种特定的方式做出反应：当某人受伤时，我们表示同情；当我们团队赢了时，我们表示高兴；当我们要等待某事时，我们显示出不满，等等。通过按照某种特定方式行事，我们表现出对这种文化价值观的忠诚，例如，在某些学校，当某位特别难管的学生被开除后，人们期待任课教师会松一口气，所以教师常常会这么做，尽管他们实际上并不感到轻松（事实是，教师会感到自己被学生打败了）。再如，教师开会，在很多学校，其文化氛围是教师恐惧开会，即使开会有很多乐趣和很多事务。随着时间的推移，在这种文化下工作的教师会说服自己，开会真的是浪费时间。

　　如果你想挑战一种文化……那就在本来很无趣的会议上找到乐趣。

从氛围到文化的改变

　　氛围的改变是瞬间的事情，而文化的改变则是慢慢的演变过程。如果从明天开始，迄今为止非常冷漠的女校长决定以积极向上的、待人友善的方式行事，那么，其他人可能会采取类似的行为，这样学校的氛围就突然改变了。如果不久这位女校长又突然改变了主意，回到了从前的冷漠态度，那么学校的文化会鼓励其他人也回到从前。但是，如果她坚持新态度很长一段时间，那么，积极向上、待人友善的氛围就会渐渐变成学校文化的一部分。从氛围到文化转变的转折点是很难确定的，也就是说，从短期行为到长期期待的时间点是何时发生的，很难确定。

决定改变学校文化的领导者必须明白，文化需要花费很多年才能反映新的信念，这些信念会引导人们的行为。领导者可以建造构架、改变程序、塑造新的文化，但是常常做得太多、做得太快，当没有人响应时，真正的挑战就来了。

如果你想挑战一种文化……问一下教育管理者，为什么改变文化需要花费这么长时间。

观念与价值观及信念

文化难以改变的一个主要原因是，我们很难给它精确定位——我们很容易描述我们做了什么（氛围），却很难描述我们为什么这么做（文化）。参观学校的人经常会感觉到学校的文化，例如，代课教师比正式教师更容易感受到学校文化的独特性，因为他们有更大范围的参考点进行比较，同样，新的学校员工更容易分辨出新学校和他们原来学校的区别。但是，随着他们适应学校文化——随着文化教育并督促他们在教师会议上如何反应、什么时候上班、如何穿戴、什么时候将学生叫到老师办公室，等等——新文化的独特性会慢慢消失，文化最终变为"新常态"。

如果你想挑战一种文化……就尝试一下新的教学方法。

氛围在我们周围，文化是我们的一部分

文化表明了学校的身份与形象——是"品牌"，尽管教师会批评学校的某些做法，但他们不能容忍外界对学校的批评。

学校的文化就在我们周围——它体现在奖品上、在教室的课桌上、在中午吃饭的时间上、在我们收集的学生数据上、在我们的欢声笑语中。文化告诉我们什么时候要严肃、什么时候可以放松、做出什么事情会得到奖赏——通常体现在更大的安全性、更大的自尊，以及更容易获得内部消息上。

相对于文化而言，氛围不是需要解决的问题，相反，它只是简单地表明了我们所拥有的一种文化类型，它是用来诊断为了改变文化而采用的策略的效果。

如果你想挑战一种文化……就去参观一所效率更高的学校。

文化有敌人，氛围没有

要在文化中发扬团结合作的精神，就需要有敌人。一个小组要变成团结一致的团队就必须明确目标，这是团队生存最重要的要素。任何特定文化的敌人就是人本身，以及某些试图改变文化的力量。将一种文化变成新文化，就如同毁灭原来的文化。改变的力量或者来自其他文化，或者来自母文化中的亚文化，或者来自个体。

氛围是小组成员集体态度的集合，氛围是在某种情境下我们大多数人在大多数时间的感受。总有些时候人们会感到氛围有些微妙的变化，在这些时间段，似乎整个文化都要改变。但是，这些改变还只是在文化的界限内。文化允许氛围在某些情况下特别敏感，允许人们感情用事、反应冲动，但不是不可预测。在任何情况下，这些行为都受文化的制约。

氛围没有敌人，就似乎变得毫无意义。氛围是小组的反应，更像是音乐会上的鼓掌，或者小组失败后的叹气。我们没有必要厌恶这个反应，我们所厌恶的是导致这个事情发生的条件。文化告诉我们什么时候鼓掌——这就是为什么在某场表演中，在某个点，人们要鼓掌时会常常看看四周，明确此时鼓掌是否合适。如果我们是表演者，如果场下掌声冷淡，或者根本没有掌声，我们不会对缺乏掌声生气，我们会对缺乏掌声所代表的价值生气——

我们的优秀表演和缺乏掌声所代表的价值系统（文化）格格不入。

~~~~~~~~~~~~~~~~~~~~~~~~~~~~~~~~

如果你想挑战一种文化……你的行为就要超出其文化所能接受的界限。

~~~~~~~~~~~~~~~~~~~~~~~~~~~~~~~~

文化决定什么是常态

迪尔和肯尼迪（1982）在谈到文化时，给文化下的定义是"我们在这里做事的方式"（第4页），这样定义的文化才是最适应的文化。文化给成员明确了什么是常态、什么是道德。尽管各个学校制定的规章制度都类似，但是如何实施这些规章制度则体现出各个学校文化的不同。记住，当谈到文化时，不成文的规则总是胜过成文的规则，无论学校手册上的规章制度是如何规定的，绝大多数教师都明白，是这些规章制度的文化解读使他们了解自己应该如何做。

"我们如何在这里做事"通常是每一个新来的教师必须上的第一课，要成为新文化的一员，他们必须知道这个信息。要想成为学校眼里真正的教师，他们必须展示出学校期待他们具有的行为和信念。

当然，每个学校的文化都包含由具有不同优势的教师形成的亚文化。例如，在你们学校，可能有这样一种亚文化：一些教师教育学生特别有效，管理者会鼓励新教师寻找并加入这样的亚文化。如果你们学校没有这样的亚文化，那就到了发展这样一个亚文化的时候了。正像此书后面所论述的，鼓励有能力的教师组成的亚文化，是创造新的学校文化、全面改善学校文化的关键。

　　如果你想挑战一种文化……那就鼓励发展由最高效能教师形成的亚文化。

■　改善学校文化与氛围，传递正确的价值观和信念

　　术语"学校需要改善"最近是个不好的名声，似乎是学校在责任心、承诺及治理方面出了问题，好像是你去看牙医，就证明你的牙有问题，这是个有趣的猜测。但是，改善应当是一个褒义词，因为，教育的每个目的都是利用现有资源改善所有人的生活质量。不幸的是，不健康的学校文化鼓励人们把失败看作是人们无法控制的、不可避免的结果，而不是改善的机会。我们更容易责怪学生素质低、责怪学生学习差是由于条件差，于是让老师推卸责任，从而设定很低的期望值。表现差的个人，特别是善于教学的教师，应当反思一下自己表现差的原因，问一下自己："哪里出错了？"失败提供给我们反思的机会，让我们意识到有些东西需要改善。健康文化的学校管理者知道失败的力量，会积极寻找改善的机会，即使意味着可能会面对更多的失望。就是这样的文化才能让失败成为员工前进的动力，而不是落后的根源。

一个学校文化可能更愿意努力地去营销这样一种改善的理念：采用很多细小的变化适应目前与现有的价值体系不冲突的惯例，而不是采用全新的价值体系。改善现有的条件比进行根本的改变总是要容易得多，尽管多数学校更愿意保持现状。保持现状的其中一个方法是禁止某些话题，如文化改变（阿基里斯，2010），人们学着尽量避免对问题视而不见。消极文化所支持的观点是，学校面对的任何功能失调都是正常的，任何提出改变的建议都应受到天谴，都是对现有价值体系的攻击。

～～～～～～～～～～～～～～～～～～～～～～～～～～

如果你想挑战一种文化……那就问一问，谁在阻止我们改善学校。

～～～～～～～～～～～～～～～～～～～～～～～～～～

氛围和文化都存在于我们的大脑中

氛围和文化都是我们用于描述我们如何与环境互动的概念，文化影响我们的价值观和信念，氛围构成了我们正在运转的价值观和信念，但是，通过调整氛围，有时候我们能够改变文化的一部分。

例如，请思考下列例子：某所学校对着装标准没有严格规定，着装标准是文化的一部分，当没有事先安排的外来参观者时，学校的教职工都穿着牛仔裤和T恤衫，这就自然而然地反映了学校的一种休闲文化。现在想象一下，当参观者来学校时，教师都穿着很正式的衣服，让路过的参观者都认为这是正式的场合的服装。在这种情况下，平时的氛围变了，因为学校文化要求人们在有参观者时必须穿正式的服装。于是，来学校的参观者越多，教师穿正式服装的时候就越多，随着时间的迁移，就创造了一种穿正式服装的模式，这就可能会改变着装标准的文化。如果学校领导再鼓励着装，称赞员工着装打扮，那么，就会最终导致即使没有外来参观者，员工也都穿正式服装。

正像霍夫斯泰德和明库娃（2010）所指出的，文化是大脑的软件——是团队提供的操作系统支持了它。相反，氛围是展示在你计算机桌面的东西，文化处理了你从环境中输入的数据，然后限制你对每一种情况做出反应的选择，而氛围是反应的总和。

现实是解读——是我们大脑记忆的集合。文化让我们对这些记忆分类，它帮助我们确定看到了什么。当我们意识到我们为什么要做这些事情时，就不再毫无思考地去做（拉伊，2001）。当我们了解了我们的文化时，我们不再是牺牲品，因为我们有了选择——要么遵循这个文化，要么改变这个文化，要么远离这个文化。

如果你想挑战一种文化……那就请人们解释一下什么是对问题视而不见。

第三章
什么构成了学校文化

CHAPTER 3

Building Blocks and
Subcultures

人们在一个群体中待久后，往往会了解不同群体成员的优势，并据此分配角色，进而生成某种预见性，从而共同适应环境。为了使群体及其内部成员得以存续，每个成员都会尽力扮演好自己的角色，这点在领导尚未产生并给大家发号施令之前就已经自发形成了，"这是我们本身就能接受的自然的过程。"（博安南，1995）一个领导可以通过如下方式创造一种群体文化：确立成员关注的目标、培养追随者、识别敌对者、制定规范及招募新成员等。所有群体，无论高效运转与否都是这样形成的，甚至邪教组织也不例外。

我们每个人都形成了自我感觉舒适的行为模式。如果学校文化很强势，学校成员就会了解在某些特定情况下，其他成员会说些什么。这种预见性使得群体内部成员有种舒适感，例如，尽管我们知道琼斯先生并不认同同行评价这种做法，但能够尽可能地预见到这点使我们有种社交安全感。

假设你所在的学校发生重大变化，如评分政策改变了，或者教师衣着规范改变了。你能否预见到每位教师会对这样的变化做出怎样的反应？能否做到这一点、能否据此改善学校文化是至关重要的。

没有哪个学校一开始就是一张白纸，甚至一个刚创立的学校都会有某种既存文化，这种文化是由学校成员自身的价值和信念形成的。老教师会带来他们之前的某些学校文化，新教师则会带来他们在学校学到的某些价值，这种文化是支离破碎的，更容易塑造成某种新文化。

简单来讲，学校发生的一切都是学校文化某种程度上的功能体现。

简单来讲，学校发生的一切都是学校文化某种程度上的功能体现，作为领导，我们知道这点是真的。作为科学家，我们甚至难以用实证证明学校文化的存在，很多作家（如西摩·萨拉森、迈克尔·富兰、安迪·哈格里夫斯、迈克·史穆克、特里·迪尔、及肯特·彼得森等）都认同文化对于领导者来讲很重要，但同时又很难对其进行界定。学校领导们很早就意识到某种东西在影响着教师们的工作方式——他们的努力程度、实施新想法的忠诚度、对学生家长的态度等，这些都被某种力量所压制。领导们意识到这种影响力之后有三种选择：忽略它、与其抗争，或者利用它。

■ 文化的启发性要素

文化由各种形式的要素构成，这些要素使得我们的生活舒适、可以预见并有安全感。在职场，我们依赖周围的人，因为他们履行文化赋予他们的角色，从而形成一种氛围并得以传播和影响周围，进而激发我们自己的工作效率和潜力，了解这些要素有助于认识到某些人是否从属于这种文化。

领导者只有将自己从学校文化的影响中抽离出来，才能对其构成要素进行审视，从而对学校有整体上的把握。要做到这点，我们需要将文化细化成单个要素（格尔茨，1973）。下列是分析学校文化时尤其有启发性的一些要素：

- 气氛
- 使命愿景
- 语言
- 幽默感
- 常规、仪式和庆祝活动
- 规范
- 角色
- 象征
- 故事
- 英雄

- 价值与信念

气氛

很多情况下，学校文化最初表现为行为或态度问题，因此，了解校园气氛是评估和应对学校文化变化的很好的策略。我们可以通过运用某个领袖策略来改变行为和态度，久而久之，如果这些变化持续下去，新的行为和态度将会成为新文化，领导们将无须对其进行管理和强调，文化本身就会很好地管理群体。

了解校园气氛是评估和应对学校文化变化的很好的策略。

举个例子，如果校长要求教师不要讽刺挖苦学生，大多数教师会遵从。如果这样一直持续下去，学校文化本身就会贬低教师挖苦学生这种做法，进而使得校长的工作进展更容易。文化可以这样为领导者所用——一旦某种观念深入人心，就很难将其移除甚至改变。

另举个例子，假设一位老教师很有个性，对学生家长的问题置之不理，校长对这件事也漠不关心，有几位教师支持这位老教师。时间一长，家长质疑教师就会觉得不自在，这种氛围就会成为一种规范——大家都期望新教师冷淡处理家长提出的问题，这种学校文化会打击家长的积极性（有些教师私底下甚至希望家长不要参加"开放日"家长晚会或家长会。公开场合又会嘲笑这些家长不参与孩子的教育。"我该说比利什么好呢？"他们可能会说，"他父母从来不参加'开放日'家长晚会啊"）。

使命和愿景

学校文化代表学校不成文的使命宣言——它使学生和教职工知道自己为什么出现在这里。使命宣言本身并不重要，重要的是领导和员工对其情感上的投入程度（特纳，2013）。明确了自己在学校的角色，可以让工作更容易进行。使命宣言的目的是使一系列的信念和行为制度化，因此必须要与学校文化保持一致，如果两者之间有冲突，后者往往会胜出。

学校文化代表学校不成文的使命宣言——它使学生和教职工知道自己为什么出现在这里。

使命会让我们清楚自己在学校的原因（即为什么在这里），学校的愿景就是学校的终极发展目标。文化也有使命，但没有愿景——它只能让我们认识到自己的现状，而不是未来。文化存在的价值在于对当下的组织进行管理。如果与文化对话，未来就会变得清晰：文化会让我们知道，重复过去就好。只有领导者拥有可能改变文化的愿景，文化本身不具备领导力，领导们才有。如果让文化去发挥领导作用，那么领导者只能是个管理者了。

组织愿景需要能够激发行动，要做到这点，愿景多少会和当下的文化氛围有些碰撞。一个建立在过去成就上（而非强调失败经历）并提出未来最高目标的强烈愿景将会发挥更好的作用，又不至于吓跑学校员工。让学校文化未来发展更好并不是贬低既存文化，这样会使努力想保持现状的人们产生敌对情绪。

一个建立在过去成就上（而非强调失败经历）并提出未来最高目标的强烈愿景将会发挥更好的作用。

语言

我们在校园里所使用的语言有利于划分出是否从属于学校文化的不同人群，就如同学习外语使我们可以了解语言所属的文化，与学校相关的某些行话和转折词则有利于我们吸收学校文化。又如同外国有很多不同方言，学校语言也有很多"本地"的词汇可以将四年级学生和幼儿园小朋友区别开来，又能将数学老师和美术老师分别出来。从事特殊教育的教师尤其容易与其同事区分出来，因为他们生活中所使用的语言充满了某些特别的描述、停顿和表达方式，还有很多缩略词。因为他们经常与学校其他老师分离，并与那些极具挑战性的学生打交道，彼此之间有很深的情谊，这又不自觉地将他们与其他同事区别开来。工作场所使用的缩略词和行话使我们知道他人是否是"圈内人",也会使员工有种舒适感,并有能力解决问题。从文化角度看,不理解本地语言会暴露出语言效用不高的问题。

> 从文化角度看,不理解本地语言会暴露出语言效用不高的问题。

幽默感

对某件事情是否觉得有趣也能区分出某些人是否从属于某种文化,尽管有些玩笑本身很有趣,与受众的身份无关,但是有些妙语只有特定人群能够听懂。当我们和大家一起大笑时,说明大家的看法是一致的。我们有些共同点,并且能够一起进行社交活动,即使不用说一句话,对幽默的肢体语言的反应也会进一步反映出彼此之间的联系。

简单社交场合中,闲谈应该是很轻松的,人们很少会将其发展成深刻的或哲学性的问题。我们所说的话能够逗乐他人,会使我们觉得自己被接纳——尽管有时,笑料其实是我们自己。举个例子,校长有次在走廊上遇到一个极为愤怒的家长,这位家长绞尽脑汁地说出最恶毒的话,整个过程她一直在冲着校长大喊大叫。当她的愤怒声讨终于结束时,她又根本不听校长的任何答复,转头就走了。当校长站在那里,觉得这一切难以置信时,一个老教师走向他，拍了下他的后背，笑着说："欢迎加入俱乐部！"这件事后来多次成了教职工们的笑料。显然，这个家长不止一次让行政人员难堪过。我们也许会这么想：他可能需要多次忍耐才能换来同事的信任，不过他还是接受了这样的嘲笑，毕竟，现在他们是一路人了。他欣然接受了这一切，因为这意味着他终于也成为俱乐部一员了。

常规、仪式和庆祝

常规活动可以成为仪式，进而成为庆祝活动。所谓常规活动，是指我们每天所做的事情，使得学校可以高效运转；相反，仪式则是对我们的价值和信念进行的公众的程式化的表达。如果一种日常活动代表学校的某种强势文化，就会演变成仪式。以考勤为例，这本来是个可以快速进行、不会扰乱其他活动的、反射性的行为，但如果我们认为应当对其加以关注的话，这种日常行为就会变成公众化的表达。

所谓常规活动，是指我们每天所做的事情，使得学校可以高效运转；相反，仪式则是对我们的价值和信念进行的当众的程式化的表达。

常规活动使得我们每天的工作模式化，可以不时进入自动化

状态。如果我们每天的节奏跟学校事件保持一致，就如同我们在随着音乐（我们感知到的文化）起舞一样。日常活动可以很随意：一些教师习惯一起喝咖啡或享用午餐。就像高尔夫球手需要有击球前程序，教师们也需要有些教学前活动帮助他们进入正确的思维模式从而使教学更有效率（有些教师甚至没有意识到他们在这么做）。

仪式是集体劝说的艺术——仪式可以表明生活质量，并制定行为标准（库和怀特，1988）。对于从属于某一文化、固化行为规范的人们来说，仪式是很司空见惯的事。有些仪式对于实现职业目标，从技术上来讲并不是必要的，但我们还是愿意参与，因为我们觉得这从社会角度来讲是必要的——这有利于保持我们的文化。

庆祝活动简单讲就是美化了的仪式——学校通常会定期举办，从而使访客们了解到学校文化的某个重要方面。庆祝通常包括正式礼节，再加点华丽感，一般性的学校庆祝活动如毕业典礼、退休晚宴、班级聚会、新董事入职及实现学校目标的庆祝等（有些学校的运动会也成了庆祝活动）。

如果领导想要通过强调某些行为来彰显某种价值，仪式就会成为庆祝活动。如果校长想要表彰某位教师的模范行为，教职工大会就会成为一场庆祝活动；教师派学生去办公室，也可以使其成为一场庆祝活动；日常工作成为仪式，仪式又进而成为庆祝活动——这一切都由校长来决定如何进展（如果某些仪式或庆祝活动使人们联想起宗教事件，也不是偶然——很多宗教活动就是为了强调学校认为很"神圣的"价值）。

规范

规范通常是保持一个群体行为一致的一些非文字性的规则，有时也会以书面形式呈现。了解某个群体的规范有利于帮助成员尽快融入——这些制度帮助他们了解自己何时上班、工作进度如何、以及何时下班。这些规范也创立了群体的行为标准，使成员明白群体的价值——何时该严肃、何时可以玩笑、何时可以情绪化。

在学校，规范可以使得新举措、新员工或者新领导者成功或失败。如果书面规则是极限速度，非书面规则就是汽车运行的平均速度。如果极限速度是时速55英里，但是大多数人都以时速70英里的速度驾驶，那么，后者就是更安全些的速度。学校文化可以决定实际的速度，脱离实际将会有危险。

~~~~~~

在学校，规范可以使得新举措、新员工或者新领导者成功或失败。

~~~~~~

任何一个组织的文化都是由领导能够容忍的最坏的行为来塑造的，例如，规则要求员工必须在7：30开始上班，但是，假如不采取相应对策，某个员工迟到最久却没有受到处罚的时间将会成为实际上班时间。

角色

规范使得我们认识到自己在组织内扮演何种角色。有些教师会在教工会上担任喜剧演员的角色，有些在自己所在部门受到挑衅时，担任起守门员的角色，也有的会一直保持沉默，从不发表意见。在群体成员试图越位时，文化会提醒他们各自的角色定位。如果某位一直沉默的教师试图发表意见，其他人就会表现得很惊讶——这一微妙的行为提醒这位教师，他或她已经偏离了文化所赋予的角色了。

象征

象征是一系列具备某种特殊含义，且只有隶属于某种文化的成员能够识别出来的语言、手势、图画或物体（格尔茨，1973）。象征可以解答"我们大家最看重的东西是什么"这一命题，当将其转化成某种可被他人共享和理解的形式时，在很大程度它并不会如实反映现实（库和怀特，1988）。

象征可以是代表某个品牌的商标，如耐克的旋风标识和宝马的标识。在学校里，象征可以是某种吉祥物、校歌、纪念品或奖杯等，这些东西代表学校文化最看重的东西。跟仪式一样，象征"对旁观者更加可见，但是他们的文化内涵，却是无形的，只有当其被内部人士解读并实践时，才会显明出来"（霍夫斯泰德，1997）。举个例子来说，假如我们请教教师们，为什么要将一个奖牌放到前门显眼处，他们可能会说因为他们认为展示学生所取得的成就是很骄傲和重要的事情。

故事

故事在组织内部至少有五个功能：

1. 提供有关学校文化规则的信息；

2. 使群体记忆鲜活；

3. 增加成员使命感和忠诚度；

4. 强化文化的影响；

5. 将当前教职工命运与学校历史联系起来。（库和怀特，1988）

故事构成了生活中量化的一面，并提供一种背景，让他人了解什么事或什么人对我们是重要的。如同库和怀特所说："神话，作为故事的一种，有助于合理化动荡的外部环境，并丰富机构的生命力。"

故事是文化的载体——通常也是人们彼此传播信息的最有效的方式。跟文化一样，故事也将会深入人心。领导们使用故事来解释说明组织成员怎样做才能获得成功，我们将故事告诉他人或自己人是为了支持我们自己的信念体系。

～～～～～～～～～～～～～～～～～～～～～～～

惧怕是种很好的驱动力：如果老教师的故事能使新教师免于受损，那么，文化就会胜出。

～～～～～～～～～～～～～～～～～～～～～～～

故事或者神话本身并不一定非要真实才能发挥作用，一个故事经历了几代人口口相传，到最后可能没有多少真实性了。有些领导们使用故事来赋予机构的愿景以生命力，也有人用这种方式来分享过去的经历。过去事情的经历会塑造现在的生活，也能够限定我们未来的方向。故事本身也让我们了解群体所面临的敌人或敌对势力是什么，故事可以成为某种文化的手册、特色政策或者程序，多以充满勇气和韧性的寓言形式呈现。我们选择讲述和加工的故事取决于希望取得的效果，一位老教师可能会讲给新教师某个过去有人用某种教学策略激怒校长的故事，从而阻止他/她这么做。惧怕是种很好的驱动力：如果老教师的故事能使新教师免于受损，那么，文化就会胜出。

英雄

英雄是指那些具有被某种文化高度推崇的特征并因此成为行为模范的人们（无论去世还是在世，真实还是杜撰）（迪尔、肯尼迪，1982）。英雄使新加入到某种文化中的人了解到在某个组织中发展最快的是些什么人，以及组织文化最看重的是什么，他们就是组织成员们口口相传的关于那些行为合宜的故事的主人公。英雄们不需要庆祝或者奖杯就能影响文化，你只需要相信他们就是了。

英雄是那些为工作献身的人，又或者是那些愿意为大家多走一里路（多付出一些）的人。例如，愿意为学生读书的管理员，或者制止入侵者的老师。

想要塑造英雄，就需要有个反派。有些英雄人物在过去会与共同的敌人作战，比如会站出来反对某个不受欢迎的决策或者改动课程表。文化也需要反派人物来帮助厘清什么是最重要的，当组织成员团结起来迎接挑战时，文化就会变得更加强大。如果领导们觉得需要更大的凝聚力，他们甚至会人为制造一个反派出来。

价值观和信念

价值观简单点讲就是我们认为最为重要的东西。学校的价值观是可以习得的，久而久之，人们会了解到足球、军乐队或教工会议要比其他活动更重要。价值观也是大众偏爱某些事物胜过其他事物的一种总体趋势，因此，群体成员们可以借此为自己的生活排序。教育界通常认为"孩子是第一位的"，如果有的学校不认同这点，就会被坚信这条原则的其他学校当作异类。

> 我们讲述的故事和使用的象征物使得所在文化的内部
> 人士或外部人士了解到对我们最重要的是什么。

价值观是信念体系的基础，后者是"对组织危机的后天习得的应对措施，并对人们的思维方式产生强大影响力"（库和怀特，1988）。信念使我们能够本能地决定如何解读现实，因为信念本身很难解释，某些团体便使用具体的事物使他人了解自己的身份，如某种工件、故事或象征物等，我们讲述的故事和使用的象征物使得所在文化的内部或外部人士了解到我们最看重的是什么。沙因（1992）认为："领导们将某种价值或信念贯穿到集体日常生活中的最行之有效的方式莫过于：他们关注和看重的事物，他们分配资源的方式，如何塑造模范，如何应对重要事件，以及他们招聘、提拔和解聘员工的标准又是什么。"文化是建立在价值基础上，进而体现在行为当中。行为模式的改变可能会导致文化的变更——如果这种行为持续发生并且无论什么人在监督都会发生的话。很多文化学者认为试图改变某种文化异常艰难，因此领导们希望改变行为来进而改变文化本身。

■ 发挥重大影响力的亚文化

我们同时从属于不同的团体，因此会不可避免地使用多种思维模式以体现每个团体的价值，我们倾向于按照团体成员中其他人的期望来行事。以下是几种我们从属的主要团体，会对我们的行为模式产生重要影响：

- 国家，州，或地区
- 宗教
- 性别
- 年龄或年代
- 民族或者文化遗产
- 社会阶层
- 喜爱的球队
- 自驾车的车型
- 喜爱的书或电影类型
- 最中意的作家或艺术家
- 喜爱的运动类型
- 使用的电脑款式
- 从军经历
- 求学过的某个/某些学校
- 使用的社交媒体网站

你能指出上述每个团体的成员会有怎样的行为模式吗？如果你是某个团体的成员，要发现这个团体的某些刻板印象就没那么容易了——尽管这对外部人士来说很简单（例如，欧洲人可能认为美国人过于友好和随意，使用笔记本电脑的人则认为使用苹果电脑的人很文艺或者很装腔作势）。亚文化使得团体成员相互团结，又使得彼此对外部人士心存戒备。

我们时常想了解我们从属的哪种亚文化对我们的行为模式影响最大，尽管我们偏好的某种亚文化价值与其他价值冲突时，我们可以轻松转换（例如，一个飙车党成员同时也在每个周日做礼拜，当他和摩托车手伙伴一起时的行为模式就会和他跟其他教会会友一起时不一样）。

在学校，我们会发现亚文化是某些既存组织结构的表现形式——如不同系别或年级，团结一致保护某种旧有文化被新文化取代的老教师们，或者某些等待退休的教师们。

亚文化得以发展的原因有很多，领导们想要试图遏制其发展，无异于白白浪费时间。然而，他们可能会考虑试图影响他人加入某种亚文化，从而形成某种更好的行为模式或者更加积极地影响组织愿景。

有时亚文化恰好体现领导者制定的学校愿景的精髓，如果某种亚文化存在（或者可以使其存在）于学校中，领导们就会发现，能够满足其要求的学校文化就自发形成了。有些亚文化甚至可以在没有领导决策的情况下决定学校的未来，这样的亚文化自然也会影响学校中的其他人员。

~~~~~~

有时亚文化恰好体现领导者制定的学校愿景的精髓。

~~~~~~

如同其他大文化，亚文化本身并无正面或者负面之分，而是取决于参与者想要亚文化发挥正面还是负面的影响力。在家长文化中，尽管亚文化无法产生一种团体感情，但却可以给其中的成员他们需要的某种奖励，这在大文化环境中是不可能实现的（库和怀特，1988）。

当在大文化环境中，某个亚团体与其他亚团体应对某种情况的措施不同时，亚文化就形成了，例如，某个学校打算实行长班授课制，有些教师们团结起来抵制这个做法（一段时间后，这个亚团体会发现自己成了反对学校经营事务的导火索。到了某一节点，如果领导者再不介入，几位反对派教师的观点有可能爆发成为教工内部的全面内战）。另一个例子是，一些钟情于先进教学技术的教师们愿意冒险，尝试各种创新，并最终演变为为其他同事提供有效的技术支持和重要培训。

每种文化都是从属于某种大文化的亚文化，根据范马年和巴利的观点（1985），真正的亚文化必须满足以下标准：

- 成员间定期互动；

- 成员有自觉意识；

- 共同面对问题；

● 达成共识前提下采取行动。

某种强势亚文化的行为随着时间推移可以演变为某种区别于主流文化和其他亚文化的规范（霍罗威茨，1987），进而反过来影响母文化。

学校文化中，文化结构为母文化与亚文化（或者亚团体）。如果团体中的某种日常行为模式被认为是正常的，其他亚团体的不同行为则会被母文化认为不正常（摩根，1986，库和怀特引用）。例如，如果母文化并不推崇对学生获得的成功进行庆祝，某些亚文化中的人想要这么做的话，就会被其他同事轻看。

在每个学校中，都有必要了解发挥着最大影响力的亚文化。如果学校领导认可这种现象的存在，他们就会利用这种亚文化来影响大多数员工来接受做事方式的改变，然而，如果领导忽略亚文化的存在，有可能他们会"采取过激行为"或者试图在同事中表明他们对于领导愿景的立场。适当给予学校中最优秀的教师（那些学生成绩最为优异的）机会让他们一起参与学校管理并发挥某种非正式的影响力，这对学校是最有益处的，否则，那些文化载体，如故事、象征物、英雄及学校仪式等则会有可能指向其他事物，而偏离了学校的核心功能——育人。

在每个学校中，都有必要了解发挥着最大影响力的亚文化。

沙因（1992）认为亚文化能够激发出交替的思维模式——他称之为并行学习系统，进而在更大体系发生改变时，降低成员的焦虑感。他注意到当学校范围发生大变动时，这种"临时性的并行系统中的挫折和错误可以产生必要的心理安全感"，改变学校大文化的最好方式莫过于授权给某个强大的亚文化（当然，如果被授权的某种亚文化由一群低效教师构成，那母文化有可能会变得更加糟糕）。

亚文化使我们有权选择去做（或不做）正确的事，我们身边的同事可以选择支持正面目标或者实施负面行为。

第四章
你想拥有什么样的学校文化

CHAPTER 4

What Type of Culture
Do You Want

将一个学校的文化与另一个学校的相比较，这很简单，但却有误导性，因为这并不是选美比赛，使用规范分析并不能对文化进行最好的评估。对于学校文化，并没有一个放之四海而皆准的模式——没有任何两个学校会有相似的学生、家长、教师、后勤人员、地理位置及社区环境，但是最有成效的学校文化又的确有些共通之处。

当你漫步走廊中、向教室望去、站在餐厅中或者每天观察学生上学放学时，你会用什么行为模式来描述这些时刻？哪些重复的模式使你们学校与众不同？作为一个访客，会怎样描述自己的见闻？如前所述，日常行为使每天来学校上学和上班的人们知道什么是常态——知道自己的身份，并确认自己所做的工作是合理的，这些日常活动意味着文化不允许人为干预。

真正的挑战来自于我们是否能够从经年累月已经适应的不同层次的文化环境中抽离出来，客观地观察周遭环境。这些文化层级使我们可以为学校发生的一切辩护——犯错的学生、沮丧的老师，甚至地上的垃圾，学校文化使我们认为这样的环境不但是可以接受的，而且是文化的构成要素。

■ 你最希望改变学校的哪些方面

你所看见、所听见、所感受到的学校有哪些方面是你希望做出改变的？并不是所有的行为都是文化里根深蒂固的。实际上，有些时候我们可以简单地要求人们改变行为来促成改变，尤其是他们自己内心深处渴望改变时。也有些行为可能深深扎根于文化传统或规范中，设想下你自己在5个月后甚至5年后漫步于校园中，你看到学生们在表现自己、老师们已经开始厌烦、各种纸张散落在大厅中，你会认为这些是你的学校愿景的一部分并且受到学校文化的很大影响吗？

未来的愿景并非是简单的积极性的一般陈述——它体现出有能力预见到新的未来，并了解要实现和保持新未来所需要的一切要素，这些要素大都与人有关：那些具有不同的偏见、喜好、习惯、不安、迷信、家庭、信念、秩序及价值观的不完美的人，他们也许会、也许不会努力做到最好——因为文化（无论是积极的还是消极的）已经使他们了解到"最好"意味着什么。

当你思考自己的学校时，记住有些东西正在驱使每个人按自己的行事方式做事。可能领导者此刻并不能掌控它，它也可能只是几位老教师一直坚持的某种早已过时的想法。

这点可以有助于了解到你的学校中谁能对学校未来提出愿景，总会有一些人会这样做（也总会有一些人一心想要维持现状）。实际上，在你读到这里时，有些人正在实施着他们的计划。

■ 六种典型的学校文化

出于本书的写作目的，我们会讨论到学校文化的六大类型，前五种由富兰和哈格里夫于1996年提出，第六种由德尔和肯尼迪于1999年提出：

1. 合作型；

2. 舒适—合作型；

3. 强迫合作型

4. 巴尔干型；

5. 离散型；

6. 有害型。

显然，这些只是笼统的分类——学校文化的复杂性意味着这些类型只是将文化简单化处理了。

学校文化类型1：合作型

这是校园文化的理论核心，也是值得所有人（包括成年人，也包括学生）学习的一种文化。在合作型学校文化中，教师们具有强烈的教育价值，共同努力寻求职业发展机遇并致力于不断改进自己的工作。他们会对教与学抱有极大的热情，他们讨论最多的是学生的成绩，并会花时间彼此观察，批判型地分析教学方法。合作型学校文化中的学校领导会坚决挑战低效能的教学实践，同时也会鼓励教师们追求个人发展，研究表明合作型学校文化与学生成绩呈现正相关的关系（格吕纳，2005）。实际上，"合作型文化"这一名词指的是学校应该做的所有正确的事情的简称，其中，互助、支持、信任、开放、集体反思和集体效能是合作型文化的核心。

当提到将学校变为更加合作型的组织时，我们真正的意思是希望改变彼此间关系的本质或互动的模式。

庞德尔指出："当提到将学校变为更加合作型的组织时，我们真正的意思是希望改变彼此间关系的本质或互动的模式。"与同事合作有助于我们"开阔知识，丰富资源，并采取更有创意的行动方案"，同时也能反应出自己方法论上的某些潜在缺陷。虽然在任何文化中，合作型文化都会涉及到个人问题及其他很棘手的问题，但这却是解决问题的最佳策略。不论问题有多严重，文化本身会支持人们做出最好的决定。

合作型文化的氛围更像是一个大家庭：尽管并不是每个人都能够相处得很好，但危急关头到来时，还是会彼此扶持。合作型文化中的大多数人都达成共识，并具有强大的影响力，唯有某种重大危机才会削弱它。

学校文化类型2：舒适—合作型

很多学校通常认为自己学校属于这种文化，他们很可能是正确的——这是非常普遍的一种文化类型。学校是非常讲究礼貌的地方，我们大都学习如何与他人相处并融入群体。作为学生，会被要求与小组中并不喜欢或并没有太多共同点的同学分享空间和学习任务，这么做的同时，我们学到了合作、礼貌和服从的价值。教师们希望学生彼此友好，校长对教师也是同样的期待。

对他人友好本身是个好主意，但有时却会因为提出批判性的反馈或提出不同观点而难以实现。很多教师会犹豫，不愿意说出不同的意见，怕会伤害到别人。在舒适型学校文化中，比起更高效能的教学，彼此相处融洽更为重要。

舒适—合作型学校文化中的教师不会对自己的工作提出关键问题，也不会考虑怎样改进，他们的谈话只限于交流意见和诀窍。这种文化中，要让所有教师都高兴并对自己的工作满意，这点很重要，但是，当他们不那么忙碌（或者永远不忙碌）时收集任何深度反思来帮助他们更上一层楼也同样重要。

> 对他人友好本身是个好主意，但有时却会因为提出批判性的反馈或提出不同观点而难以实现。

舒适—合作型文化中，教师们都会留意到其他同事在教室中所做的，他们有时也会彼此拜访，探讨下如何让学生提高成绩，但是有关如何挑战学生这类话题却不会深谈，以免暴露他人的弱点。教师们尽管会分享如何最有效地帮助问题学生，却会小心翼翼地不敢提及他们同事的做法。舒适—合作型学校文化的格言是："我们既然在同一个战场上并肩作战，就需要彼此相处融洽。"

舒适—合作型学校文化并不是真正意义上的合作型文化，因为教师们彼此太关注舒适度以至于不思进取——德威克（2007）称其为"固化的思维模式"。教师们怕会影响到自己的前途而不愿意尝试别的选择，这在高绩效的学校尤为典型。在提高学生成绩方面，人们不愿意冒险。舒适型校园文化中，外在激励取代了内在的积极性。教师们会为努力工作寻找理由，而并非只是道德驱动（萨乔万尼，1990）。如果学校要打破自己的墨守成规，新来教师内在的工作激情就要及时点燃起来，这点需要校长主导，并由文化加以鼓励。同样的，止步于"很好"是成为"很棒"的绊脚石（柯林斯，2001），保持舒适也是实现真正合作的绊脚石。

学校文化类型3：强迫合作型

我们开门见山吧：任何一个想要在自己学校塑造学校文化的领导者都有必要推行一些政策或措施，这在教师的微观管理层面上多少有些强迫性或强制性。没有合理的领导管理，学校文化不可能改善，只能更加倾向于自我保护。当校长意识到学校文化对学习已经没有激励作用时，他会采取行动来推动变革——这些会被看作是对学校特征和员工信念体系的一种挑战。

强迫合作型文化中，领导者决定员工的行为模式，校长通常会通过强制性合作和管控促进合作的条件来试图加快学校改革的步伐。教师行为会变得越来越规范，教师的自主性会越来越弱。尽管强迫合作型学校文化意在推动教学新方法新技术的产生，但却容易浮于表面，进而降低教师们做出改变的积极性。这样的文化强迫本来根本就不想合作的教师之间产生联系，从开始就削弱了真正的合作关系。领导者会要求教师会面讨论学生成绩取得的进展，然后写个报告来证明他们的确这么做了。

任何一个想要在自己学校塑造学校文化的领导者都有必要推行一些政策或措施，这在教师的微观管理层面上多少有些强迫性或强制性。

尽管要发展真正的合作型文化，适当强制必不可少，但是知道何时该妥协、何时可以让种子萌芽却很难。文化变革的步伐是缓慢的，人们需要时间了解和回应新事物，并形成主人翁意识，太快跳入驾驶员的位置会导致换挡失去牵引力。领导想要介绍一种新愿景，最好等德高望重的教师意识到这点并且愿意用自己的话来阐述。教师们更倾向于彼此模仿跟随，而不是简单地听从校长安排。创造一种环境来建设新的学校文化，然后只能像什么都没发生一样袖手旁观，这有点令人沮丧，但是，要记住文化是要根植于人们的思想中，如果想要不费吹灰之力就改变人们固有的思维模式，那无异于痴人说梦。

学校文化类型4：巴尔干型

如果离散型文化鼓励个体间竞争，那么巴尔干型文化在小群体内也是如此。这种文化环境下，只有志同道合的员工团体间才会有合作。当母文化鼓励教师彼此竞争时，亚文化会因错误的理由强势发展。教师们如果觉得有必要为了地位、资源和领地彼此竞争，往往会招募其他教师形成一个小团体。如果校长的要求和团体集体意见不一致，后者往往会胜出。

亚文化的成员们会结伴出现，无论是开会、耳语，还是大笑，他们总是彼此紧密联系。当领导想要征求大家意见做出决策时，他们会默契地彼此支持，更强势的团体懂得他们可以合伙反对弱势群体从而主导行为方式。巴尔干型学校文化中的员工处于被很多既存的比较强势的团体分化或掌控的危险处境中。

学校文化类型5：离散型

这种文化环境下，人们往往我行我素，这种文化不会有太多冲突，因为人们根本不关心别人在做什么。员工在某些场合可能会合作或者一起大笑，但是大部分人都有自己的领地，并喜欢这样。很多人会觉得会议是毫无意义的形式主义，大部分人会不停看时间以便能够尽快去做自己的事情。大家会关教室的门——故意的象征性的，成功的教师会将其高效能完全归功于管理者赋予他们的自主性。

离散型文化的学校也有积极的地方，走廊中教师们也会彼此友好对待，有些人甚至一起午餐。这种文化的问题在于教师之间缺乏职业性互动，尤其在改进业绩和提高学生成绩方面。

学校文化成为离散型文化的原因有很多，在如今问责制的时代，教师们独立工作更为简单。论功行赏的机制使得教师们不愿分享自己成功秘诀，教学成为一种竞赛——如果教师们彼此竞争，很可能也会让他们的学生参与竞争。离散型文化中，教书育人成了"各家自扫门前雪"的做法。

这种文化中的教师更倾向于孤立，不愿接受来自上级领导或周围同事的干预。如果允许员工在校园周围建一道护城河，他们很可能这么干——甚至每个教室都这么干。这样的文化以牺牲合作和外部支持为代价，促进个人主义的滋生蔓延。庞德尔（1998）曾指出，合作是把双刃剑，"学校如果与当地企业合作，会发现他们多少会依赖这些企业，并受其影响"。学校从企业接受的财政或其他资源可能会导致学校卷入很多"临时性支出"，这是管理人员和教师们都不能接受的，但是试图寻求关键成员对此做法的支持，无异于为学校埋下了导致冲突的隐患。

离散型文化中，教书育人成了"各家自扫门前雪"的做法。

如果从来不用去教室的话，校长的生活可以很轻松，离散型文化就是这样发挥作用的，教师们更拥戴不愿参与教师微观管理的校长。如果学生们表现很好，管理人员就不会找你麻烦；如果学生们出现问题，你应该来想办法解决。向他人寻求帮助会被看作示弱，主动向他人提供帮助会被认为自大。离散型学校文化中，教师们并不了解同事们的工作进度，因此，对于学校学生取得的成绩，他们也不会觉得与自己有关。

离散型文化中，大家不会认真关注新事物，因为成员们只是满足于现状。

合作型文化的独立性会使得离散型文化中的教师感到被过度干预，尤其合作型文化"经常以牺牲大家的职业判断力为代价"（庞德，1998）。离散型文化中的大多数教师习惯发挥自己的职业判断力，无须太多他人肯定，在这样的教师身上强制推行合作型文化，无异于允许他人践踏自己的职业决断。

离散型文化中，大家不会认真关注新事物，因为成员们只是满足于现状，尽管他们也会讨论某些新式教学法，也有人会愿意付诸实践。这样的学校中的管理者们通常比较忙，即使他们有时间，恐怕除了给个笑脸，其他任何教育资源都给不了。有些教师甚至认为向校长寻求帮助可能会成为不良记录，最终会导致被开除。

学校文化类型6：有害型文化

如果合作型文化是所有学校应该为之而努力的，那么，有害型文化则是所有学校要不惜一切代价避免的。

试想某个学校里，教师们在工作时间睡觉、当众羞辱学生、说别人闲话。一种文化要变得有害，只需要几个消极的教师就够了。很不幸的是，因为文化扎根于其成员认知层面，并具有很大影响力，要让教师们意识到自己的学校已经变得紊乱，可能没那么容易。

在有害型文化中，教师们习惯关注学校管理和人事方面的负面事件，并以这些问题为借口为自己的糟糕表现辩护，几件小事就会让教师对学生降低要求。更重要的是，教师们不会认为这种态度是消极的，他们会认为这是学校的问题，而且这种消极态度也会蔓延到整个教师群体。

> 对外来访客来讲，有害型文化并不会不言自明，因为这种文化的特征之一是员工会隐藏自己的信念。

有害型文化的学校也并不一定是个是非之地，员工也可能对自己的表现很满意，并很自豪地这样表达出来。有害性教师也可能很有自信，实际上，他们有时恰恰是讲话声音最高、穿着最职业化，教室又最整洁的一群人，但当有害型文化中的教师们彼此合作时，他们这样做的目的并非为了提高学生成绩，而只是简单地想保护他们看重的东西：他们自己。对外来访客来讲，有害型文化并不会不言自明，因为这种文化的特征之一就是员工会隐藏自己的信念，任何一次有害型文化的校园之旅都不会暴露出幕后真正的事实。如果的确有人注意到某些有害性事物，员工通常也会搪塞过去："尽管有些老师看似没有礼貌，我们还是认为礼貌的态度对我们的工作很有必要。"有害型文化的学校员工会认为，他们要对付那些出格的学生、还没有任何学校的支持，他们要管理好学校付出多少努力，外人是不会体会到的。

在这样的学校文化中，并非每个教师都是有害型文化思维模式，但相当大一部分是这样的，例如，寻求认同的新教师、缺乏管理层支持的沮丧的教师或者等待退休的老教师，通常会有意忽略有害型文化的存在，有些学校甚至严格限制教师致力于促进学生进步——对学生最好的或许是对教师利益是最次要的。有害型文化可能开始于几个消极的教师，进而演变为影响决策的力量。

　　有害型文化像是某种自我应验的预言，因为教师会把生存看得比成长更重要，他们就会忽视对学生的关心，有些甚至故意做出一些行为使得学生对其避之不及，例如，在班里嘲笑、讽刺、挖苦、侮辱学生等。在这种文化中的少数学生如果表现比预期好，进而就会被当成榜样，标榜这种鼓吹有害型教师行为的信念体系，有害型教师往往也能成为班里或社区里受欢迎的人。

　　从未体验过更加积极的文化类型的教师或者学生会认为有害型文化是正常的，对他们来说，学校本就应该是这个样子的；如果学生想要成功，他们就必须接受教师们认同的负面的价值观。在有害型学校文化中成长起来的家长会推崇这种文化并要求自己的孩子也接受它，这些人会认为，任何试图改变学校文化的尝试，都是对学校、对学生的不自知。在某些学校或社区，所在班里有位特别负面的教师几乎成了一件值得炫耀的事。

　　有害型文化会发挥影响力、阻止变革发生。人们会反复提及过去失败的尝试以抵制文化变革，并认为这是力量、自信和能力的象征，管理者会使沟通途径单向化和指令化来保持文化有害性。

假以时日，随着好教师纷纷逃离，去往更加积极的文化环境，这种文化会变得更加强势和同质化。留下的人们想要改善，却总是被失望和悲观氛围笼罩，要为学生的成就举办庆祝活动都会觉得装腔作势，并成为大家争论和嘲讽的话题。教师们上班就盼望着周末和下一个假期的到来，因为他们宁愿去别处也不愿留在学校帮助学生。

有害型学校文化会发挥影响力，阻止变革发生。

有害型学校文化中，低效能或消极的教师会因为自己的失败而去指责学生家长或者管理人员，反而会被具有同样心态的同事当作英雄。说着同样的话、表达出其他教师的感受，这些人成为很有影响力的人。他们团结一致共同对抗外敌——这里，所谓的敌人就是个人责任，逃避责任是很多低效能教师不愿面对个人发展甚至拒绝社交媒体的原因之一——他们不愿意在别处看到别人的成功，否则他们自己的借口就会站不住脚。

你所在的学校很有可能具备一种或几种本章提及的文化类型，尽管其中一种会占主导地位。当你阅读这一章时，希望你脑海中已经浮现出学校中的某些人，并开始考虑重新塑造和改善学校文化的策略。你从哪里可以看出学校在改变的端倪？何时可以重新施压？你需要施加多少压力？你的学校会变成什么样子？

第五章
你所在的学校有什么样的文化

CHAPTER 5

What Type of Culture
Do You Have?

5

　　了解自己的学校文化是什么类型有利于规划自己希望拥有的文化类型，更好了解自己学校文化的一种方式是完成下面的文化类型学活动，这项活动由格吕纳和瓦伦丁联合开发（2006，见表5.1）。这个游戏是让你沉浸在所在学校文化的细微差别中，并要求把你观察到或者参与到的某些行为的程度记录下来。这个活动不要求你去判断自己的学校文化，只是允许你记录下学校中的某些行为。它也不会提供确切的结果——这个设计的初衷是作为一种对话开始并持续下去，以利于学校领导了解到自己学校现有的文化类型，并获得启发，了解自己期待的文化是怎样的。

■ 塑造学校文化的12个关键点

　　表5.1的第一列列出了学校文化的关键方面。通过回顾并诚实评估每个方面的程度，你会了解到你的学校文化属于哪一种。下面是每个方面的简要陈述，附带一些对每一方面进行评估的问题。

表5.1　学校文化类型学活动图

	有害型文化	离散型文化	巴尔干型文化	强迫合作型文化	舒适—合作型文化	合作型文化
学生成绩	很多教师认为学生失败是自己的问题	教师们一般不会讨论学生成绩的问题	关于学生成绩的讨论只限于部门、小团体或友好内部	学校会给教师时间讨论学生成绩，并期望他们真的会这么做	学校会给教师时间讨论学生成绩，但大部分时间大家会给出意见。	学校会给教师时间批判性地讨论学生成绩，并对彼此的教学实践加以分析
合作意识	很多教师根本不关心其他教师的教学内容	大多数教师并不了解其他教师的教学内容	大多数学校里教师只了解其朋友或同事的教学内容	学校领导希望教师们了解其他同事的教学内容	教师们偶尔会听课并讨论其他同事的教学内容	教师们会找机会听课，并对其他教师的教学进行讨论
价值分享	教师们的经验分享与学生需求不太符合	教师们对于教育价值没有什么公认同意。	小范围的教师会分享教育价值内容	学校领导会给教师传达这种教育价值观	教师们普遍认同教育价值观	教师们强烈认同教育价值观
决策制定	很多教师根本不关心身边发生的事，决策制定很简单	教师们对有关学生的决策与没有积极性	少数教师愿意参与学生有关的决策制定	学校领导希望学生参与有关学校的所有决策制定	教师们偶尔会对有关学生的决策制定表现出兴趣	教师们主动寻求与有关的决策制定
风险承担	很多教师出于"创新性"会对自己的教学方式保密	大多数教师不会尝试新观念	创新通常只在某个年级或内部实施	学校领导会要求教师尝试新观念	教师们有时会愿意尝试新观念	教师们一直在寻找新观念
信任关系	教师们会在背后议论同事	大家认为彼此间的信任没有必要	有些教师只信任某些同事	教师们会置身于某些处境中，被迫去信任同事	教师间的信任是自然而然的，并不是批判性的	教师间有强烈的信任关系

（续表）

	有害型文化	离散型文化	巴尔干型文化	强迫合作型文化	舒适—合作型文化	合作型文化
开放程度	认真教学会成为别人批判的对象	教师们通常对其他同事给出的教学建议不感兴趣	教师们通常只会听取朋友给出的教学建议	关于有效教学的会议中，鼓励教师参与讨论、分享观点。	教师会主动给出或接受有关教学的建议	教师会对同时提出的教学建议非常感兴趣
家长关系	很多教师会尽可能地避免与家长会面	教师们不愿听取家长对于教学的意见	家长认为某些教师团体会比其他教师团体表现更好	学校领导要求教师定期与学生家长保持联系	当家长想要参与教学活动时，大部分教师不会拒开	教师会主动邀请家长参与课堂教学
领导作为	领导被看作是个人成长发展的障碍	领导不会经常出现在学校	领导会时常表扬某些教师	学校领导监督教师彼此合作	领导会鼓励教师给出建议，而不给予批判	领导会要求能教师变革，并鼓励其他教师也这么做
内部交流	学校政策似乎禁止教师讨论学生成绩	大家认为教师间交流不那么重要	与某些群体的教师进行有效的对话很重要	交流主要是自上而下地传达指令	友好而会融的交流氛围充斥校园	教师间可以随意交流教学实践经验
社会化程度	新教师很快被学校的负面文化洗脑	教师很快会了解到学校文化是"人人为己"型	新教师会被贴标签，并归于某个教师群体	新教师被强制参加很多会议	鼓励新教师与其他同事分享教学实践	所有教师都认为有责任帮助新教师适应环境
学校历史	说出学校历史事件	"寻求帮助"传统意义上会被看作是职业无能	有些年级、系列或团队认为自身的成功与学校无关	学校领导干预学校事件	学校因为频繁的庆祝活动而闻名	大家有个共同认知：学校改善是个持续性过程
总分	A列：___	B列：___	C列：___	D列：___	E列：___	F列：___

学生成绩

所有的教师都会讨论自己学生的课堂表现多么优异。有些人会关注细节，详细介绍学生做的每件事，其他人则只会说学生表现还可以，然后就没有下文了。在你的学校里，老师们会怎样讨论学生成绩？这些讨论会不会引发教师反思自己的表现并重新评估？

合作意识

了解你学校有多少教师认为他们和同事可以相互学习，这点很重要——不单单是通过交谈，而是通过真正的观察。教师们通常会抱怨很难找出时间安排听课，而且即使这么做了，也很难收到有意义的反馈。如果学校文化鼓励教师相信自己可以通过观察同事的教学而改进自己的工作，那他们肯定能找出时间这么做。在你学校里，教师们会花费多少时间彼此听课，以便改进自己的教学？

价值分享

学校领导需要了解他们的学校文化影响力有多大。当同一所学校的教师们都认同学校的教育价值观时，他们就无法隐藏自己的行为，因为学校文化本身，会以同侪的形式对他们负责。这种背景下，同事们的意见比任何的评估工具和行政压力都更重要。在你的学校，提到教育价值观，教师们意见一致的程度怎样？

决策制定

这个要素更接近内部激励的主题。我们认为，当教师们认为自己的工作为学校做出贡献时，他们会更加乐意工作，并且能取得更大成就，这是多少绩效工资也换不来的，高效能学校文化中的教师希望参与到多数有关学生成绩的决策中来。在你的学校，在制定影响学生成绩的决策方面，教师们对参与机会的重视程度怎样？

> 当教师们认为自己的工作为学校做出贡献时，他们会更加乐意工作，并且能取得更大成就，这是多少绩效工资也换不来的。

风险承担

有些教师试图改善教学方法时，热衷于小型的行动—研究型项目。我们认为有效的学校文化会鼓励教学实验、鼓励教师分享成果，无论是在教师会议上还是在停车场。你的学校里，教师们对上课尝试新方法的重视程度怎样？

信任关系

信任本身是个非常复杂的概念，一整本书也未必能解释清楚。在学校文化背景下，我们所说的信任指的是"我们有彼此的支持"。在一个有效的文化中，人们会足够自信，认为即使他们跟别人分享自己工作中的困难，也不会因此影响自己的工作。在你的学校中，教师们表现出彼此信任的程度是怎样的？

开放程度

对这个元素的评估能够反映出一种文化只是舒适型还是真正的合作型，尽管专业学习型团体非常有助于分享专业经验，但只有在最高效能的文化中，教师们才会坦诚批判他人，从经验中成长。你的学校里，如果一个教师在教室里听另一个教师讲课，他/她会诚实给出建设性意见吗？

> 对开放程度的评估能够反映出一种文化只是舒适型还是真正的合作型。

家长关系

有些学校会比其他学校更加欢迎家长参与，最有成效的学校文化总能有办法应付最难缠的或者最无动于衷的家长，教师也获准（书面的或者非书面的）用任何可能的方法鼓励家长参与进来。在真正高效能的文化中，只是给家长留个语音信息远远不够。教师们在与家长联系时，还需要积极主动，并与所有家长保持积极的关系。在你的学校里，家长对于参与教育过程的重视程度怎样？

领导力

这里所说的领导作为指的是负责改善整个学校的校长或管理人员，你的学校里，领导者会推动还是阻碍教学发展？你的学校文化会创造机会鼓励学校领导者参与，还是鼓励教师避开他们？

内部交流

这部分指的是教师之间以及教师与校长之间的谈话。学校文化不同，这类谈话可以是频繁、自愿的，也可以是少见、被迫的，或者是兴趣相投的，也可以是富有成效的。你的学校里，那些书面或者非书面的规章制度在多大程度上约束员工之间的交流？

社会化程度

有些学校新教师适应过程比其他学校更结构化，有些只是简单地把教室钥匙交给新来的教师，并祝他/他好运，有的则会安排老教师负责在新教师上班第一天就开始指导。最好的学校文化应该确保新教师与学校最好的教师一起相处很长时间，并阻止其接触低效能教师，因为后者很可能会让其染上坏毛病。你的学校里，高效能教师帮助新教师融入的程度是怎样的？

学校历史

文化致力于在过去基础上创造现在，即使最好的学校也会怀旧，宣扬自己如何发展到现在这般有成效的。学校会通过举办纪念仪式、颁奖仪式或者立碑竖匾来细数那些光辉的人物和事件，但这些主要是通过故事的形式呈现。你的学校里，过去的事件和早已过世的学校成员是如何影响现在和未来的？

■ 确定你所在学校的文化类型，精准改善学校文化

在上述表格最右一列，即合作型文化项下，这些描述词会解释在理想状态下，本章谈及的每个要素会发生怎样的行为——这些是你致力于奋斗达成的目标。你可能需要对有些描述词重新解读，以便更好适应你学校的文化，例如，"教师会进行有关学生成绩的谈话"，此处的谈话可以有很多类型。如果谈话形式是你的学校文化根深蒂固的观念，那可能以非正式形式出现的频率要更高些（如果你特意要求教师不要讨论学生成绩，他们还是会这么做，这就很显然地证明谈话的确是文化的一部分）。

> 尽管学校文化中有害型文化很少占主导地位，但如果不加注意的话，几位教师或几件简单事件就足以使学校文化成为有害性文化。

相应地，在表格最左一列，即有害型文化项下，这些描述词看上去有些幽默。尽管学校文化中有害型文化很少占主导地位，但如果不加注意的话，几位教师或几件简单事件就足以使学校文化成为有害型文化，尤其是当其文化比较薄弱时，有害型文化中的某些习惯行为对学生学习产生有害影响。

你可以这样进行：安排学校教师来完成上述学校文化类型学活动图。以0～10为范围，为你学校存在的每个单元格中的活动打分。如果某个活动在你们学校一直存在，就是10分；如果你从来没听说过，那就是0分。当所有得分加起来时，每一列的总分应该是10分。将每个单元格的得分加起来后，就得出6列的总分，分数最高的那一列代表你学校教师认为本校最接近的文化类型。

这个活动可以让教师一起、分组或独立完成，显然，教师中越缺乏信任，数据就越难公开统计。记住：尊重大家要求匿名的决定。理想做法是，由大多数员工推选出来的中立的某位同事负责收集和记录数据结果。

这项活动得出的数据会让老师们产生很多思考，最左面三列得高分意味着你们学校文化出问题了，反之亦然。很重要的一点是，不能挑出哪个教师要对哪个结果负责，较大团体也不能因此指责某个系别或小团体。

这项活动的目的在于找出你们具备的是什么类型的文化以及你离自己的目标还有多远。这看上去很简单，实际并非如此。当你问教师下列问题时，真正的谈话才刚开始：

- 你觉得这些结果精确吗？
- 我们是怎么到了今天这个地步的？
- 我们想要改变吗？如果想，怎么改变？
- 我们五年的目标是什么？
- 合作型文化中的各个单元格的活动是否能够实现？
- 如果想要改善学校文化，我们首先可以采取哪些措施？

跟很多其他研究工具一样，学校文化类型学活动图也可以用来找出学校的基准线（即现状）和必要的措施（我们怎么做可以改善现状）。这项活动通过将最近期的结果与最初的基准线相对比，可以用来找出学校文化这些年来发生的改变，并指导未来进行更好的管理。

我们提到学校文化时，就触及了敏感话题。质问过去发生的事件会使一些教师感到不自在，这是文化在后退。教师们彼此低语道："我们所做的一切都还说得过去，不要做出出格的事来。"我们并不是在否定过去——我们只是不希望低效率的过去来影响未来，基于这项活动而进行的谈话有助于为未来规划提供框架和思路。

当分享这项活动的结果时，强调学校做得好的优势因素，并指出要做出艰难改变的弱势因素。群体成员越怀疑学校传统、仪式和庆祝活动的目的，现有文化就越会变得弱势——现有文化只有在不断变弱时才会发生改变。

第六章
深入了解所在学校的文化

CHAPTER 6

The School Culture
Survey

我们已经了解到，合作型学校文化为学生学习提供了理想环境，也尽可能为教师使用其他资源来互相学习提供了环境，教师互相学习有利于学校自我完善，没有人会对此提出异议。学校领导面临的挑战是如何让学校文化适应这一方法，要应对这一挑战的方法之一是了解你们学校现有文化的合作程度是怎样的，这是由斯蒂夫·格吕纳（本书作者之一）和杰瑞·瓦伦丁（两人都任职于中级领导力研究中心）提出的学校文化调查法要达成的目标。这项调查具体内容见表6.1。

■　学校文化调查法

　　学校文化调查法（SCS，以下简称调查法）意在以其作为工具来辅助学校教师了解自己学校文化合作型及其程度是怎样的。我们所说的合作型不单单指的是教师彼此合作，这里也指信任感的存在、同行观摩听课、有推动力的使命，等等。

　　如同上一章提及的学校文化类型学活动图，调查法也有助于

表6.1 学校文化调查

说明：参考以下每种情景描述，并使用给出的5种程度来给你们学校打分。

1=强烈反对　　2=反对　　3=不确定 4=赞同　　5=强烈赞同	1	2	3	4	5
1. 教师会利用专业网络获取信息和资源并用于课堂教学。					
2. 领导者很看重教师们的想法。					
3. 教师们有机会进行跨年级跨学科的对话和规划。					
4. 教师们彼此信任。					
5. 教师们支持学校使命。					
6. 教师和家长对学生表现有相同的期待。					
7 学校领导信任教师们做出的职业判断。					
8. 教师们会花费大量时间一起做计划。					
9. 教师们会通过研讨会、同事或会议等途径获取新观念。					
10. 当有问题出现时，教师们会很乐意提供帮助。					
11. 领导者会愿意花时间去称赞表现好的教师。					
12. 学校使命使教师具备了清晰的方向感。					
13. 家长们信任教师们的职业判断。					
14. 教师们会参与到决策制定过程中。					
15. 教师们会花时间互相听课。					
16. 教授们很看重个人的职业发展。					
17. 教师们彼此尊重对方的想法和观点。					
18. 学校领导会促成教师间相互合作。					
19. 教师们理解学校的使命。					
20. 教师们了解学校当前形势。					

（续表）

1=强烈反对　　2=反对　　3=不确定 4=赞同　　5=强烈赞同	1	2	3	4	5
21. 教师和家长会对学生表现时常交流。					
22. 教师们会认真对待参与政策或决策制定的机会。					
23. 教师们都彼此了解他人的教学内容。					
24. 教师们会维持现有知识基础，并不断学习。					
25. 教师们在团队内部彼此合作。					
26. 教师们会因尝试新观点新技术而受到奖励。					
27. 学校使命宣言反应出学校的价值观。					
28. 领导们支持教学过程中适当承担风险，并尝试创新。					
29. 教师们彼此合作，共同开发和评估教学任务和项目。					
30. 教师们看重学校不断改进。					
31. 教师们的表现反映出学校的使命。					
32. 管理人员会重视对教学和计划的时间。					
33. 对于教学实践的不同建议可以公开进行讨论。					
34. 鼓励教师分享观点。					
35. 学生会为自己的学习负责，例如，他们上课会积极思考，课下也会完成家庭作业。					

我们彻底了解合作型学校文化的典型行为模式，为试图重塑学校文化的领导提供参考标准。当领导开始在学校推行变革时，调查法可以用来衡量学校文化是否朝着更为合作型的方向转变（以及程度怎样）。

调查法很可靠——即，教师们解读这些调查项目的方式都很相似。我们通过数据分析法来实现高可靠性。当分析调查中不同因素时，我们发现这35个调查项目实际可以分成六个主要类型：

1. 合作型领导 这类项目可以衡量学校领导在教师间建立、维持和支持合作型关系的程度是怎样的。

目标行为：学校领导会看重教师的想法、征求教师的意见、鼓励教师参与决策制定、信任教师的职业判断、支持并鼓励承担风险和创新性观点，从而提高学生成绩、促进教师间分享观点和高效实践。

这一类型下的SCS项目有：2，7，11，14，18，20，22，26，28，32，34。

2. 教师合作 这类项目用来衡量教师参与推动实现学校教育愿景的建设性对话的程度如何。

目标行为：全校教师会集体参与策划、观察并讨论教学实践、评估教学项目并对其他教师的教学实践和项目形成一种意识。

这一类型下的SCS项目有：3，8，15，23，29，33。

3. 职业发展 这类项目用来衡量教师对持续性个人发展及学校范围内改善状况的重视程度。

目标行为：教师们会通过研讨会、同事、学校及其他专业资源维持现有知识，并应用于教学实践。

这一类型下的SCS项目有：1，9，16，24，30。

4. **目标统一性** 这类项目用来衡量教师致力于实现学校共同愿景的努力程度如何。

目标行为：教师们理解、支持并致力于实现学校使命。

这一类型下的SCS项目有：5, 12, 19, 27, 31。

5. **合作型支持** 这类项目衡量教师有效合作的程度如何。

目标行为：教师彼此信任、尊重彼此想法，并在实现学校目标过程中彼此帮助。

这一类型下的SCS项目有：4, 10, 17, 25。

6. **学习伙伴** 这类项目衡量教师、家长和学生为学生利益的努力程度如何。

目标行为：家长和教师会对学生表现交换意见并频繁沟通，家长信任教师，学生普遍能对自己的学习承担责任。

这一类型下的SCS项目有：6, 13, 21, 35。

■ **分析调查结果，更好地了解学校**

你可能会注意到这一调查中得分最高和最低的项目，这很自然，只是要记住，不要去问其他学校这项调查的分数，因为他们所做的与你们的学校文化没有关系。最好了解下"涉及"每个项目的当事人——是教师还是管理人员？然后，问下自己认为哪些项目代表能够做到的事、可能做到的事、怀疑能够做到的事和根本不可能做到的事，每个项目都可以这样思考。

記住，因为这是针对学校文化的调查，在思考每项回答时应从文化角度看待，而非从个人角度看待。

记住，因为这是针对学校文化的调查，在思考每项回答时应从文化角度看待（即学校总体的意见），而非从个人角度看待。如果我们的行为表明文化是有活力并且促进思考的机制，而非简单的背景音乐，我们会赋予它更多尊重和认识。这听上去有些古怪，但却是真实的。

当你找出这一调查中得分最高和最低的项目时，先稍事停顿下，例如，假设得分最高的项目分数有4.6、4.5、4.4和4.1，你可以将这些数据集中起来分析。尽管这种分析调查结果的方式并不是特别科学，但却是很实用的方法。

当思考这项调查中得分最高的项目时，了解下"学校文化中的哪些因素使得这些项目得分较高"，如果这些项目很多都可以归类到本章前面部分提及的六种类型之一，说明你的学校文化在这一类型方面是很强势的。

通过计算每个项目的标准差（SD），你会了解到教师们对每个项目的认同度是怎样的，例如，标准差为0.60或者更低时，说明很多教师对这样项目的看法很一致，标准差数值更高则表明他们看法并不一致，甚至这一项目会导致教师间的分歧。有趣的是，标准差数值高的项目表明你的学校在这方面有高人，只是你还没有听到他们对这类问题的看法。

举例来讲，假设"教师和家长对学生表现有共同期待"这项标准差较高，这种分散性的观点表明有的教师认为这点不真实，而有的（可能是那些实际真正这样做的人）则认为这是真实的。现在，可以设想将具有不同观点的教师们组织起来一起来讨论（可以召集教师会议）。合作型文化中，教师们的讨论如果没有进展，他们会觉得很不爽，也因此会更加积极地寻找一种方式来证明教师和家长的确是有共同期待的。

调查数据运用步骤

SCS的一位开发者——中级领导力机构的杰瑞·瓦伦丁，使用这些数据已经很多年了，并创立了如下步骤指导教师们对调查数据进行总结：

1. 将教师分组，每组6人，且分别来自不同的专业、年级和亚文化群。每组坐到一张桌前，并将带有每项分数的SCS数据表和六大类型分发给他们。

2. 每组教师按照得分由高到低来排列这六大类型，并分别写下平均分，小组内的每个教师应该同步进行这一过程。

3. 小组成员一起讨论这些数据是否能够真实反映本校的学校文化。

4. 小组成员回顾这35个调查项目，并将得分最高和最低的五个项目另外写在一张纸上。

5. 小组成员一起讨论选出的这10个项目的得分是否能够反映学校文化，他们也可以讨论这些项目所代表的类型是否比其他类型更具代表性。

6. 如果教师们已经事先完成学校文化类型学活动图，小组成员可以回顾这项活动的结果，并讨论其是否与SCS调查数据相一致。

7. 另取一张纸，小组成员列出有关学校文化的四个或五个反映强烈的问题，并在另一张纸上，列出解决以上问题的一个或两个实用型措施。

8. 每个小组轮流分享下他们反映的问题和解决每个问题的实用型措施。

* * *

你可以同时使用学校文化类型学活动图和学校文化调查法，从而更好地了解你的学校文化，这两个方法是相辅相成的。SCS可能更有助于找出基准数据，而类型学活动图则能更加敏锐地找出变革初期所发生的细微变化。

学校领导者面临的难题是了解以上每种方法中提及的行为是怎样以独特方式存在于校园中的，例如，教师间的彼此信任，可以以很多不同方式存在，在不重视信任的文化中鼓励教师间彼此信任，这点很有挑战性。错误的做法——例如你只是单方面命令式地宣称说要改变学校文化，只会让事情变得更糟。

要注意到的另一个难题是教师的自我反馈有可能并不精确，教师是否会诚实作答？还是教师们被迫回答，从而让学校文化看上去更好？几位消极教师是否会搞砸了调查，使学校文化看上去一团糟？无论何时做这些有关教师认知的数据调查，都要思考这些问题。另外，如果我们能够得到好的回答率在50%或以上，我们通常就可以信赖这些数据结果。

SCHOOL CULTURE
REWIRED How to Define, Assess, and Transform It

第七章
展示学校无形文化、
提升学生的成绩

CHAPTER 7

To Reveal the Invisible and
Start Conversations

如果你在思考如何展示学校文化的方式，以及那些阻碍学生提高成绩的潜在问题，可以考虑使用本章谈及的方法。

■ 明确教育目的

　　如果大家对学校使命没有达成共识，那么采取改善性的措施也只是停留在一些普通认知上，而非建立在强大、共享的原则基础上。我们强迫孩子去上学，是为了使其经济独立或者通过考试？还是为了塑造他们的思想，使其具有一致性？抑或是为了放飞他们的思想和创造力？这些问题的答案应该是我们在学校所做的一切事情的基础。尽管学校员工和社区成员达成一致很重要，教师间达成共识则显得至关重要。表7.1所做的调查会帮助你评估在有关学校使命方面，你们学校教师达成一致的程度如何。

　　在使用这个方法时，需要思考的几个问题：

- 教师间达成共识比找出正确答案更为重要。

- 目标等同于使命——如果我们改变使命，我们的愿景也会

表7.1 教育目的调查：我们为什么会在这里？

说明：阅读以下描述当前社会提供教育的目的各个项目，并从1-5进行打分。

1=强烈反对　　2=反对　　3=不确定 4=赞同　　5=强烈赞同	1	2	3	4	5
1. 教导学生们如何挑战教育制度。					
2. 从竞争中学习合作的价值。					
3. 降低全球恐怖主义的威胁。					
4. 帮助学生们在一件事上有所成就。					
5. 减小贫富差距。					
6. 了解到这个世界的不公平。					
7. 学习基本知识（数学、阅读、科学、历史）。					
8. 维护世界主权。					
9. 犯错。					
10. 了解并抵制不道德的内部/商业实践。					
11. 通过考试。					
12. 发展为一个减少暴力的社会。					
13. 享乐。					
14. 减少环境破坏。					
15. 欣赏并追求建立职业性格。					
16. 谨慎使用暴力。					
17. 提高个人的公民责任感。					
18. 变得更加富有和独立。					
19. 学习如何使用信用。					
20. 成为一个更好的人。					
21. 学习如何使用空闲时间。					
22. 使生活更有意义。					
23. 能够信赖别人和值得别人信赖。					

随之改变。

- 在每个人的调查中最容易评估的项目得分是否最高？

- 你们学校是否"涉及"到调查提及的所有方面？

- 教师对于调查项目重要性的认知会反映出你们学校文化的影响力（再次说明一下，此处"影响力大"意味着"很难改变"）。

探讨教育的目的可能花费很长的时间，也需要经过几次会议。人们通常不太会考虑教育的目的，但是，当谈到这方面的问题时，可能会引起几轮深刻的哲学问题讨论。为了使这项调查更贴近你校的实际情况，可以考虑在这项调查的最后加上一些能够反映出更多自身问题或者你们目前特别关注的问题。举例如下：

- 继续保留足球队常胜的传统

- 使社区更加团结

- 打破贫穷的锁链

- 支持当地军事基地

人们通常不太会考虑教育的目的，但是，当谈到这方面的问题时，可能会引起几轮深刻的哲学问题讨论。

本地事件能够决定当地文化，以及学校亚文化从属的主流文化。可能社区的某个特定事件拥有影响学校进步的能力，如果开会时总会有人问"我们为什么在这里"，可能很多会议会更有成效。

■ 理解独特的学校文化

文化的构成要素没有明确定义（可能有成百上千个版本）。下表7.2列举了普遍认同的学校文化的12个要素，在思考进行文化变革时，学校领导可能会用到这些要素。

愿景 （人们期待的是什么）	使命 （我们为什么在这里）
仪式 （习惯性活动）	语言 （本地行话、幽默）
庆祝 （荣耀的仪式）	象征 （有形的物体）
价值及信念 （真正重要的是什么）	英雄 （我们引以为豪的人物）
氛围 （我们通常的状态）	规范 （非书面的规章制度）
工具 （我们用来完成工作的事物）	故事 （代代相传的传说）

文化构成要素有助于表明学校的当前文化，也能进一步揭示出一些愚昧的或者无伤大雅的行为，文化构成要素是否能暴露学校功能紊乱取决于教师们做出的回应。在填写这个表格时，教师们不要相互指责。你也可以把它看作是一次对文化的审查——如果只有一个人表现出某种行为，那这种行为很可能并不是学校文化的构成部分。

你的学校文化可能有不止12种要素，这个图形的目的是反映你们学校教师表达信息、解决问题和自我保护的方式。与本书中很多其他活动类似，这个表格并不能帮你找出确切答案，而是有助于你更好地理解文化的概念和学校的独特文化。

完成这一表格的步骤

教师们最好同时在一间屋子里，并分成几个小组，来填写这个表格。不同小组代表教师亚文化的不同群体，可以让每个小组思考下表格中的哪些概念在你们学校有确切的实例。以下是几个例子：

愿景：周围的人们都盼着星期五早点到来。

日常：每时每刻，每个教室中都有我们的身影。

规范：大多数教师在早上7点到学校。

价值：我们很重视早上教室的整洁。

当教师们填完后，可以让他们说出自己所填的内容，每次只说一个要素。可以使用记录纸或投影仪来记录信息，并使大家都看得到。当这些元素记录下来时，就会形成某些行为模式和文化主题，我们现在不去评判某种行为，只是先把它们罗列出来。

将这一活动进一步开展下去的方式是了解构成要素中的各个项目是否服务于学校愿景或使命（如果学校没有使命宣言的话，这点讨论起来有一定难度），问下教师们："这是我们现在的样子吗？这是我们希望成为的样子吗？"

■ 谁是主要负责人

谈到学生成绩、着装规范、出勤甚至卫生各方面，谁是主要负责人呢？你认为学生、教师和父母会在这方面达成一致吗？教师是否要"负责"一切？当你发现学生承担任务是多么主动时，你会为此感到惊讶。

教师通常负责打分和出勤，学生负责在校着装合宜，管理人员负责维护学校日常运营，父母负责确保孩子们每晚有充足睡眠。然而，你的学校里可能会有些人不愿意承担责任，尽管大家都认为有些事情理所应当需要他们去承担的。

以下调查（表7.3）是我们与印第安纳州比格郡学校集团高中部校长克里斯·矛克共同开发的，他正在致力于让学校的成年人先对本校文化中的某些行为承担责任，这一调查的终极目的是反映出学校文化中影响行为举止的信念是什么。为更好地理解文化

表7.3 "谁负责什么"调查

说明：以下所列情况中，你认为谁应该负主要责任，就在相应项下写上1，依此类推，最不该负责的写上4.

S=学生　　P=家长　　T=老师 A=学校管理人员	S	P	T	A
1. 学生上学迟到。				
2. 学生上课迟到。				
3. 学生经常在学校欺负别人。				
4. 作业没有完成。				
5. 在教室里学习。				
6. 学生卫生状况很糟糕。				
7. 实施学校着装规范。				
8. 一个班里大多数学生都没通过某次测验。				
9. 学生参加国家级考试。				
10. 维护与保养学校资产。				
11. 温暖的/热情的学校。				
12. 教师对待学生的态度。				
13. 教师的士气。				
14. 学生反复发生的错误行为。				
15. 学生出勤率。				
16. 学生渴望来上学。				
17. 教师渴望来学校。				
18. 家长会参与、关注和支持工作。				
19. 为学生成功创造条件。				
20. 学生就业率				

迈出了一大步（迪尔和彼得森，2009）。

我们将这项调查分发给了4所不同学校的500名学生，来调查下他们认为自己学校中上述表格中所列举的各个项目应该由谁来负责，得出的结果见表7.4。在浏览表格中各个数据时，你会发现平均值最小的（灰色部分）数字意味着学生认为其对应的竖列顶端的群体最应该对此横向上的行为负责，同时，也反映出，学生认为相应群体有能力改变相应行为。这一表格同时也计算出每个项目的标准方差（SD）——方差越小，学生们越认同某人该对相关行为负责。

表7.4表明学生认为自己应该对调查中的以下六种行为负主要责任：

- 学生上学迟到。

- 学生上课迟到。

- 没有完成作业。

- 学生重复犯错。

- 学生渴望来上学。

- 学生卫生状况糟糕（这点是个平局，家长也大多认为自己有责任）。

这些结果中哪些与你所想的不相符？你认为了解这些信息会改变教师的工作方式吗？你认为教师们对学生回答的认同度有多高？设想下，对调查结果分析结束后，教师们会与学生交流，积

表7.4 调查数据结果（总人数=476）

调查项目	管理人员平均分	管理人员方差	家长平均分	家长方差	学生平均分	学生方差	教师平均分	教师方差
学生上学迟到。	3.51	0.732	1.67	0.754	1.62	0.731	3.20	0.656
学生上课迟到。	3.28	0.902	2.54	1.010	1.40	0.843	2.84	0.767
学生经常在学校欺负别人。	2.21	1.167	3.02	0.881	2.72	1.265	2.08	0.897
作业没有完成。	3.72	0.709	2.22	0.682	1.25	0.718	2.83	0.595
在教室里学习。	2.95	0.921	3.30	0.853	2.02	0.965	1.63	0.850
学生卫生状况很糟糕。	3.60	0.753	1.64	0.712	1.64	0.770	3.11	0.709
实施学校着装规范。	2.27	1.285	2.45	0.937	2.79	1.244	2.47	0.952
一个班里大多数学生都没通过某次测验。	2.95	1.088	3.01	0.893	2.05	1.112	1.90	0.988
学生参加国家级考试。	2.86	1.083	3.16	0.852	2.06	1.157	1.87	0.884
维护与保养学校资产。	1.59	0.938	3.59	0.730	2.56	1.063	2.22	0.726
温暖的/热情的学校。	1.40	0.802	3.53	0.754	2.87	0.892	2.02	0.688
教师对待学生的态度。	2.45	0.971	3.29	0.900	2.57	1.082	1.65	0.996
教师的士气。	2.28	1.036	3.24	0.875	2.39	1.160	2.09	1.130

（续表）

调查项目	管理人员平均分	管理人员方差	家长平均分	家长方差	学生平均分	学生方差	教师平均分	教师方差
学生反复发生的错误行为。	3.11	1.079	2.49	0.971	1.76	1.134	2.50	0.901
学生出勤率。	3.27	0.989	1.76	0.904	1.83	0.912	2.81	0.920
学生渴望来上学。	2.94	1.195	2.54	1.008	2.15	1.207	2.28	0.992
教师渴望来学校。	2.12	0.915	3.28	0.902	2.53	1.083	2.02	1.174
家长会参与、关注和支持工作。	2.78	1.048	1.75	1.088	2.93	1.142	2.27	0.842
为学生成功创造条件。	2.33	1.136	2.53	0.989	2.90	1.236	1.75	0.847
学生就业率。	2.58	1.185	2.63	1.070	2.11	1.245	2.02	0.862

极的教师会做出怎样的回应？消极的教师呢？了解学生观点和教师观点之间的差异有助于洞悉两个群体的行为方式——尤其是当另一方在观察时，但是，假如你的学校文化不是真正的合作型文化，那么，这些问题将无法进行讨论（阿吉里斯，2010）。

实施调查的方式有多种，在试点计划中，我们要求教师在室内发放调查表给学生填，然后将调查收集起来，放入信封，并反馈给我们做分析。在一次返校活动中，教师们在了解学生调查结果之前，会被安排自己先做调查。为了从这一调查中获益最多，我们建议家长和管理人员也将他们调查结果提交作为样本。

如果你们学校文化允许，你们可以召开教师会议，并鼓励大家对值得思考的结果进行讨论，我们将此调查看作是鼓励教师合作讨论最佳教学实践的大好机会。在学期末重新回顾这一调查，来评估学校文化是否有些改变，这样也会很有趣。

不同年级可能会有不同的结果，例如，"学生上学迟到"这一项，高中生明显比小学生在这方面更善于自主管理，但是学生的这一差别与主题无关：这一调查的真正目的是找出学生和教师认知上的差异，并了解学校文化是如何导致这些差异的。大多数教师认为他们自己需要对学生的学习负责，并会给学生设置条件来实现这点。

> 这一调查的真正目的是找出学生和教师认知上的差异，
> 并了解学校文化是如何导致这些差异的。

然而，真正要对学生作业和上课表现"负责"的是学生自己，但是每个群体对于来学校有自己的感受，与别人想法无关。德威克（2007）将这种态度视为一种"学习心态"，通常是代代相传下来的。

使用"谁负责什么"这一调查最有成效的部分在于调查完成后的讨论部分，不论是在师生之间、教师之间还是在教师与管理人员之间。合作型学校文化会鼓励这样的讨论，有害型学校文化对调查结果则不理会甚至误读。

启发

学校运行失常通常是因为没有人对某些行为承担责任，如果大家总认为对行为负责的是别人，那么正常的运行就是不可能的。尽管大多数教师的职责描述中都会列明他们需要负责的行为方面，但是这些描述，就像限速标志一样，经常被忽略掉。同侪压力及同事的非正式介绍更有可能影响到教师对自己的职责范围的认知，这比书面的岗位描述要有效多了，这就是文化在起作用。记住：文化永远会认同"我们现在的做事方式"。

这项调查本身并不能改变教师对行为责任人的态度，真正促使他们改变的是对这些调查结果的感性回应（佩顿，2005）。当我们具备学习心态时（德威克，2007），就会对自己的行为负责，并愿意做出改进。相反，如果我们是固定式的思维模式，就会由文化来为我们做决定。教师很容易被学生的回答激怒——"这些孩子竟敢指教我该怎么工作！"因此，不要只是把调查结果甩给老师们，而要给他们提供个机会让他们能够对调查数据进行深入探讨。这是个机会，能够使高效能教师帮助低效能教师理解到当下最重要的是什么——不去理会低效能教师现在想要怎么做或者过去是怎么做的。

学校领导不能只是挥一挥魔棒就要求教师们马上改变其价值和信念，这方面的改变是不断持续的过程，首先要意识到有些地方出问题了，或许这一调查有利于激发这样的意识。

挖掘某个组织成员的信念会是个很敏感的问题，大家会支持他们从来没有实施过的信念，或者否认他们真正的信念。有时信念又与亚文化联系起来，对错误的亚文化的绝对忠诚会阻碍学校文化的重塑。这一调查有利于帮助教师了解到自己的信念会如何阻碍学生获得好成绩，并帮助他们弥补"我们现在的做事方式"和最好的做事方式中间的差距。

你甚至可以要求教师们添加上他们认为对学校很重要但是表格中没有的项目，从而使这项调查更有成效，你也可以给学生、家长或者管理人员提供机会来表达自己的看法。比较分析不同群体的结果有利于帮助他们了解到差异在哪里——这些差异有可能是阻碍改变发生的绊脚石。

任何学校中职业发展最重要的方面是教师之后参与的谈话，如果教师没有机会与同事就职业发展进行探讨，任何调查都很难使他们获益。本书中的练习设计的初衷就是鼓励教师间进行对话——这是合作型学校文化至为重要的一部分。这样并不是为了进行某种评估，而是这些练习本身就是一种评估方式，帮助我们理解作为一个学校（而非个人）现在的位置和将来的目标是什么。

第八章
如何变革学校文化

CHAPTER 8

The Beat Goes
On-or Does It

希望你没有直接跳到这一章。学校里很多领导者觉得自己已经懂得了某些概念，实际上他们什么也不懂，而且在自己还没有准备好之前就要开始对文化胡乱修改。人种论学者普遍认为文化变革永远不可能完全达到人们的期望，就像人类自己也有缺陷一样。一些研究领导力的学者认为文化变革有点像进化，永远是一个缓慢的过程，需要花费5～15年的时间才能完成（沙因，1992；瓦格纳，1994）。还有一些学者认为，通过有目的的领导力可以加快文化改变的进程，不论改变需要多长时间，都不应该停止迈出改变的第一步。这种改变是否很快发生，还是一直维持现状？这将取决于现有文化的力量和学校领导推崇的知识和技能。

　　"文化是一套完整的、受语境制约的、带有主观色彩的态度、价值观、假设和信念……人们关注什么以及他们如何来解释行为和事件都受过去的经历的影响。"（库和怀特，1998）由于亚文化确保了任何学校都存在多重事实、文化的管理控制——也就是说，学校领导可以故意改变文化财产的程度必然是很有限的（库和怀特，1988）。在追求文化改变时，领导不应该想着完全改变文化——即使是最有害的学校文化，某些方面也可能发挥很好的作用，学校领导要搞清楚是文化哪些具体方面妨碍了学校目标。

哪些故事是你想重复的？哪些是你需要改编的？哪些是你想摒弃的？哪些是你想改变的？哪些是你需要放任不管的？希望在前几章讨论的那些活动已经让你开始思考这些问题了。

在追求文化改变时，我们要确保永远会保护组织里最有价值的人，不幸的是，我们不是一直都很清楚这些人是谁，他很可能既是一个校内文化中成功的人，也是一个低效能的老师——这种文化可能为那些行为完全符合不成文的规定的人鼓掌欢呼，却对他们的专业能力不管不顾。

在追求文化改变时，我们要确保永远会保护组织里最有价值的人。

■ 掌控学校文化的关键

我们真的能改变人们的信念吗？那种认为可以故意控制文化的想法会破坏文化的一些重要特征，比如文化的复杂性和整体性的特点（格尔茨，1973，引自库和怀特，1988）。虽然沙因（1992）指出"如果基本理念真的可以改变，而不会破坏和重建组织，那改变至少需要5～15年或者更长的时间"，但是改变一旦开始，事情就会进展很快。

海费茨、格拉绪和林斯基（2009）指出："一些在工作中遵循体系内成文和不成文的规定而升职到组织高层的人，对挑战组织结构、文化或者专门为那些在职业生涯中期一直很成功的人而设定的规则毫无兴趣。"这些人似乎并不想让下一代轻易获得成功。

透过文化去研究运动队是很有趣的，尽管有着一样的教练和球员流动率，一些球队似乎始终能赢得比赛，而另一些球队却经常会陷入平庸的困境，然而，在一些重大的时刻这个模式也会中断。

例如，设想一下波士顿红袜棒球队，一个苦苦挣扎了大约一个世纪的球队，几十年来都无法突破某种似乎是魔咒的局限。然后，不知怎么莫名其妙地，红袜棒球队对洋基队（他们的主要对手）三比零反弹获胜，最终成功晋级2004世界职业棒球大赛，并席卷四场比赛获得世界冠军。这并不是昙花一现——此后红袜棒球队一直都很成功，甚至在2007和2013年又两次获得世界冠军。我们假装不知道红袜棒球队能好到足够解释球队取得如此大的进步，但我们的确认为这是一个非常好的例子，阐释了成功如何成为可能，特别是在似乎不太可能的情况下。改善文化的关键是确定你的文化出什么问题了，尽可能有效地这样做可能很有挑战性，但是非常有必要。文化不是一些靠着迷信发展壮大的神秘力量，对其进行掌控的关键在于领导者的视域。

文化不是一些靠着迷信发展壮大的神秘力量，对其进行掌控的关键在于领导者的视域。

起跳——开始

如果学校领导者想极大地提高改善文化的可能性，就应该寻找那些他们能够影响的文化方面，而不是等着老天爷来干涉。改善是完全可能的——毕竟，如果你把足够多的猴子放在一个房间里，房间里有足够的打字机，难道他们最终想不出宪法（或者，至少一个名著导读版）?

可能你们的许多学生很贫穷，也可能你们几乎得不到主管部门的支持，毫无疑问，诸如此类的因素使得重塑你校文化成为一种挑战。然而，在某个地方，一个有着相同的人口统计资料或者支持水平的学校取得了巨大的进展，甚至获得大奖。如果那个学校能做到，你们也能做到——你们只需想办法解决一个问题，即如何解决文化总会说你们做不到的问题。下面的策略能帮你们起跳，开始重塑文化的进程。

起跳——开始策略1：不要再找借口

不要再找借口是一个很好的开始，在你学校或者地区有这样一些老师，他们积极影响着所有的学生，也和他们的父母相处融洽。也有些老师哪一点也做不到，却绝望地归咎于他们无法控制的因素，致使他们无法更好地帮助学生——因为父母不关心他们、上一学年的老师不够好、或者因为没有足够的行政支持，但是那些老师在同一所学校里也有面对同样挑战的同事，他们就不找借口——他们只找成功方法。如何来解释迥然不同的两种解决问题的方式？可能是两种亚文化有着截然不同的信仰体系的原因。在合作文化体系中，要鼓励成功的老师与其他老师分享他们解决问题的方法，不幸的是，大多数学校没有这样做。

学校领导者需要鼓励那些老师停止找借口，但首先要确保他们自己也不再找借口，找到那些已经克服障碍的人并向他们学习，而不是紧盯着前进的路障。永远不要忘记：改变通常是从一小部分人开始的。决定什么时候由一种氛围转变成一种文化，远没有建立一种持续的积极文化那么至关重要。

起跳—开始策略2：不要再以偏概全

不是所有的父母都一样，"今天的孩子"也不尽相同。小心谨慎地讨论不同类型的人对文化所做的贡献是极其重要的，以免你在表面价值上以偏概全。在讨论你校文化如何形成的时候，尽量突出不同的利益相关者所做的积极贡献。

当然，领导者做决定时也希望从最好的、对学生最关心的老师那里得到支持和帮助，然而，有时候低效能或者散漫的老师也会提供一些建议，例如，在职工大会上，如果你提出一个想法，马上就有一个低效能的老师赞同你的想法，这可能表示你该重新考虑这个想法了。

起跳——开始策略3：为小组引进一个新的敌人

这个策略虽然有风险，但是效果很好。和大家分享某个人的故事，他正挑战着小组里不太有效的一些行为。比起其他任何事情，一个共同的敌人会很快把大家团结在一起——只是你别是那个敌人。

起跳——开始策略4：让高效能的老师知道你的计划

如果让学校最有积极影响力的老师知道你正着手改善你们学校的文化，他们或许会感激你把他们当作局内人，能把文化改善的项目做到你永远也无法想象的程度。做这件事的时候，小心不要激起冲突——毕竟，代表学校未来的老师将来还要和那些代表学校过去的老师在一起工作。

■ 一个餐桌文化案例带来的启示

你还记得小时候和家人坐在一起吃饭的情景吗？在很多家庭里，无论是否承认，都有着关于每个人应该坐在哪里的期待。坐在哪个位置吃饭成为一个固定的套路，或许是一种惯例，甚至在假期里可以称为一种仪式。毕竟，家庭是一个相当小的群体，每个人都有自己的角色并且多年来一直遵循着"剧本"，家庭文化的定义非常明确。正如在大部分文化中，一个或者两个人对群体内其他人的行为有着巨大的影响，没人敢坐在他们的位置上——这是家庭成员约定俗成的。

如果某天晚上有客人来家里吃饭，这种家庭文化会做出怎样的反应？人们通常会为了招待客人而不再坐固定座位——每个人，除了那一两个最有影响力的"重要成员"。有客人在身边，家人的行为也容易和平时不太一样。这些晚餐气氛中的转变只有在客人来访时才会有——是气氛的变化，而不是文化的改变。

现在，如果家中有长期居住的客人怎么办？不仅仅是一个暂住客人，如果还是一个你们喜欢的亲人呢（一个不需要剃须刀的亲人，谢天谢地——一个其他人都喜欢的亲人）。

第一天晚上吃饭时，如果米莉阿姨坐在了其中一个最重要的成员——例如是爸爸的的座位上，那该怎么办？家人的第一反应可能是难以置信地叹了口气或者请她换个位置，但这不是他们的一个臭表哥——是他们最喜欢的阿姨！这样的话家人会怎么做？他们会适应她。为什么？因为他们尊重她，他们如此敬重她甚至那个最重要的成员也肯为了她换个座位。米莉阿姨甚至可能故意坐在那个人的位置上，以帮助改善餐桌上的气氛。

正如在大部分文化中，一个或者两个人对群体内其他人的行为有着巨大的影响。

吃饭时每个人都规规矩矩的——这种气氛是积极的，大家愉快地谈论着，互相为对方添加食物时会说"请"和"谢谢"。然后，点心端上来了，米莉阿姨说："我很爱你们，但我几乎从来没来看过你们！我在这里的每个晚上，为什么不趁吃点心的时候每个人都和大家分享一下白天发生的三件事情呢？这样我可以更好地了解你们的生活。"

其他家人都陷入了尴尬的沉默，除了米莉阿姨，每个人都低下了头，不好意思看对方。已经猜到大家的反应后，米莉阿姨问自己是否可以第一个发言，听到米莉阿姨的话，大家如释重负，笑着点头表示同意。

米莉阿姨开始讲一个自嘲的故事，是关于去商店迷路的故事——她走了很多冤枉路，终于找到了那个商店，然后，她又找不到回家的路了！当她嘲笑自己这些小缺点时，每个人都笑了。尽管她还没说完：从商店回到家后，她发现自己把眼镜落那儿了，她又返回去取眼镜——发现自己又迷路了！现在，每个人都开怀大笑起来。

故事讲完了，米莉阿姨停了一会儿，深深吸了口气，开始讲第二个故事。她说，那天下午，她的小外甥（现在也坐在餐桌旁）把他最喜欢的泰迪熊送给她，并告诉她每当他一个人在陌生的房间里睡觉时，小泰迪总是能给他一些安慰，所以他想让小泰迪陪陪她。吃饭时，米莉阿姨看着她的小外甥，笑得很温馨。

现在餐桌上每个人都轮流分享了那天的事情：有人在学校吐了，早上堵车之类的事情。大家都吃得很开心，大多是因为听了米莉阿姨的故事。现在我们回顾一下：餐桌上一些人认为米莉阿姨先开始有两个理由：给大家示范如何分享故事，给其他每个人思考的时间，或许就是因为她很体谅别人，大家才那么喜欢她。

第二天晚上，米莉阿姨最后一个来到餐桌，留给她的是哪个座位呢？是前天晚上她坐的那个——重要成员的座位，她真的是每个人最喜欢的阿姨！坐下来后，米莉阿姨宣布："我等不到吃点心的时候再听大家讲故事了！"她这样做是提醒大家——他们都有时间静静地思考一会儿要分享的事情。

米莉阿姨知道大家都需要一两天的示范来开始新的惯例，她问是否有人介意还是她第一个开始，当然，每个人都同意。米莉阿姨开始讲了两个开心的故事，然后，吃饭时又跟大家分享了其他人的故事：这一次，讲的是她的外甥女，她带来一条针织软毛毯给她，让她晚上盖着暖和一些（毕竟，她得做点什么才能比上她的亲哥哥）。大家又一次轮流分享了那天发生的几件事情，尽管并非每个人都讲三个故事，但都努力参与了。

第三天晚上，米莉阿姨再次宣布她迫不及待地要听每个人的三个故事，这时，有人插了一句："我可以第一个开始吗？"是米莉阿姨的小外甥，他想讲一个关于米莉阿姨的故事——那天午餐她是怎样给他包了一个花生酱和果冻三明治，并附了一张便签，上面写着："我斜着切的，这样就可以尝到各种味道了。"妈妈，她也是吃着米莉阿姨的三明治长大的，想起了自己也总是因为那个特别的原因斜着切三明治，因为在她很小的时候米莉阿姨也是这样教她的。

三个周过去了，米莉阿姨该走了，在她出门时每个人都恋恋不舍地拥抱和亲吻她。那天吃晚饭时，爸爸，现在又坐回了他往常的座位，说："今天晚上我第一个同大家分享三件事好吗？"

就这样，家庭中的这种文化开始转变了。

第九章
重塑学校文化，需要多久

CHAPTER 9

How Long Does It Take
to Rewire a Culture

重塑文化需要的时间长短很大程度上取决于这种文化建立的时间长短和接受的程度大小，就像第八章讲的米莉阿姨的故事，一个有梦想和魄力的人，如果文化中所有成员都很尊重她，就可以加快文化改变。然而，在任何情况下，文化改变的速度和文化本身一样，都是独特的。

■ 课堂文化带来的启示

在每个学校里，每个班级都有自己的亚文化。随着学年的开始，每一种亚文化都越来越根深蒂固——或好或坏。这种文化越深入人心，改变就越难，特别是施行改变的机构或人在某种程度上屈从于文化的时候。

设想一个苦苦经营课堂管理的老师，和学生关系不好——也就是一个基本控制不了课堂的人。假如这个老师在学年中期辞职，学校里一个深受学生喜欢的优秀老师接替他的工作，这个老师来到教室，一周之内，他的课堂一定会彻底改观——就好像这个课堂一直是由优秀老师管理着一样。高效能老师不会坐等他/她的学生出现不好的行为，学生也不会像过去对待低效能老师一样挑战新老师。两个不同的老师，同样的学生和学校文化，导致截然不同的结果。

现在让我们假设那个低效能老师被一个中等水平的老师代替——不是最低效能，但也不是最高效能的老师，这类老师或许不能像最高效能的老师那样，让班里每个学生都表现得很好。这个班级或许比在第一个老师手里好管理些，但是普通老师的努力不足以克服根深蒂固的课堂文化。

> 最优秀的老师之所以成功，是因为她没有受到早已存在的标准和期望的影响。

在上面的例子中，最优秀的老师之所以成功，是因为他没有受到早已存在的标准和期望的影响。当然，课堂文化，作为学校文化的一部分，永远也不会像学校文化那么强烈——毕竟，课堂文化很少延伸到学年之外，而学校文化已经发展了很多年了，但改变学校文化和课堂文化的标准是一样的。在有害型文化中，一个普通的领导者只靠自己是不能够改善学校文化的，他/她至多可以鼓励一些老师考虑新的方法，但要完成真正的变革，还需要很多工具和支持者。不幸的是，学校里虽然有一个有效的变革推动者，但在同事的职业发展中却没有发言权。许多学校文化会给老师们施加压力，导致他们在彼此帮助时还要保持一定距离。

我们不但很难辨认彻底的文化转变的精确时刻，而且，当改变真正发生时，我们通常根本意识不到。我们不能给文化变革那么复杂的事情做时间标记，但我们一定能注意到它。这有点像减肥：如果一个人在他/她的一生中一直超重，渐渐地开始减肥，这种变化可能是暂时的（例如，氛围变化），也可能是新的生活方式的长期反映（例如，文化变革）。为了减肥能够持续下去，这个人需要永久改变自己的理念，朝着健康的方向努力，同时，这也离不开朋友和同事的支持。

我们不但很难辨认彻底的文化转变的精确时刻，而且，当改变真正发生时，我们通常根本意识不到。

设想一个学校正设法把一种文化（基于成年人利益的决策方式）变革成另一种文化（基于学生利益的决策方式），有关文化变革的表面文章是很简单的，但要达到真正的文化变革是相当有挑战性的。从减少讲座时间、介绍翻转课堂的设计，到发展个性化的课程，这所有的事情都需要大量的努力。新的文化变革挑战学校的规范细节越多，前期存在的文化产生的抵制就越大。

■ 从0到10的过程中最大的障碍是从0到1

有时候，文化太根深蒂固，以至于要变得更好似乎不太可能。文化变革不是一门精密科学，而是凌乱的、不可预知的，并且经常是让人不舒服的。对于变革的过程必不可少的是：冒险，不管多么微不足道。有时，试图从0到10的过程中最大的障碍是从0到1的这第一步。如果你有80个员工，不要仅仅专注于那些最抵触的员工，而是每次把一个人对变革的态度从消极转变成中立，再从中立转变成积极，这样你就能在文化变革的这条路上缓解矛盾，赢得更大的变化。

虽然我们没有预设文化变革需要时间的时间轴，变革过程本身就非常值得期待——挑战越大，超越就越令人满意。引用一句古老的谚语:"有时草越多，割草越有趣。"

第十章
寻找学校文化重塑的突破点

CHAPTER 10

Breakthroughs

在任何一个机构中，要想发生真正的文化变革，至少需要一个或者两个人愿意第一个开始行动——换句话说，这个人，是领导者。

毫无疑问，让学校里的每个人在同一时间内改变信念和行为的确是一种挑战。现存文化是坚决反对动态变化的，特别是那些迫不及待开始实施的文化。为了开始启动变革的进程，关键是找到第一个风险承担者，这个人被现状挫败，有足够的理由开始这一进程。这个人需要在他/她的同行中德高望重，足以吸引他们来参与这个事业——如果学校里只有一个风险承担者愿意进行改变，他/她面临的风险是即使一个小错误也将会导致全盘皆输，因此，文化变革必须是全校范围内的行动，而不是仅靠个人的努力。

■ 一个教练的故事

设想有一所中学，其中一个文化规范就是所有的教师都需要参加每月一次的教职工大会，除非有课外活动。现在，假设这个学校招聘了一个新的足球教练，他决定参加今年第一个教职工大会，在会上，教师们低声耳语，对教练指指点点，但没人跟他说话。

***

文化变革必须是全校范围的行动，而不是仅靠个人的努力。

***

第二天，排球教练找到足球教练，"就是跟你说一声，我们教练不必非得参加那些会议"，她说，"课后我们有训练，所以我们可以不去。"

足球教练回答说："我已经告诉我的队员们学生成绩第一，如果我真的相信这点，那么我需要做出表率。"

在这个例子中，谁更强大些，文化还是教练？一个判断方法是看看学校其他教练有多少最终追随他的。这个例子实际上是一个真实的故事，到了年底，学校里所有教练都特别注重参加教职工大会。

以上所述的例子是一个取得意外突破的经典例子，虽然排球教练劝说足球教练去遵守文化规范，但足球教练拒绝了——不是出于文化变革的大视野，而是出于他自己的个人信念。如果校长在会议上看到足球教练，并给他写了一张表达感激的便签，那么这个教练可能会更有力量去面对文化中的任何障碍。

■ 重塑文化需要什么样的人才

如果你能招聘一些能不顾同伴的压力而坚持做正确事情的职工，真的是太好了，但像那样的人不多。真正有能力突破的风险承担者凤毛麟角——在一个学校里通常没有几个。这些人是超级明星，他们有能力做正确的事情，同时还可以一直受到同伴们的尊重。

> 当招聘职工时，要善于寻找那些有能力并有意突破现有文化的申请人。

当招聘职工时，要善于寻找那些有能力并有意突破现有文化的申请人，例如，假设你所在学校的教师在班里的穿着都不太职业化——这是你想要改变的文化的一个方面。在招聘面试会上，你可能问一些问题，诸如："你来学校上班多长时间打一次领带？"或者："你觉得教师穿着牛仔裤上课合适吗？"这些问题都可以辨识出在着装规范上和你看法一致的申请人，并让这些新人知道这对你来说是一个很重要的问题。因为这些适当的期望，新教师就会更好地准备应对来自同事的任何压力——即遵循非职业化着装的不好的文化规范。

你可能会想，如果你规定一套新的着装规范标准，达到着装规范要求的教师会因那些达不到要求的教师而烦恼，在某种程度上，这有可能是真的，但是着装规范的教师会因为你（作为他们的领导）纵容着装不规范的同事而更加沮丧。

思考一下下面这个例子，在年度第一次教职工大会上，校长宣布：他希望所有教师在把品行不端的学生叫到办公室之前，先打电话给家长，以寻求帮助。几周以后，一个老教师没有和学生家长商量，就把一个学生叫到办公室，因为这个学生曾多次上课不带铅笔。在这种情况下，如果校长希望保持自己的威望，他/她就必须进行干预并且训导这个教师，否则，教师可以不给家长打电话就叫学生到办公室，这种现存文化就更加得势了。

■ 集腋成裘的突破

风险承担者必须是有自信的人，特别是他们即使面对同事的反对，也还继续抵制负面的文化规范的时候，但是即使最自信的职工也会从支持中受益。把新的职工和那些老楷模联合起来，对双方阵营都有积极的影响。设想我们前面提到的足球教练，如果要求他带着几个助理教练去参加每月的教职工大会——那将是多么好的见证啊！

最近，我们在一个学区待了一段时间。在这个学区里，教练要求他们的队员都坐在各自教室的前三排（除非他们的座位是指定好的），因为调查表明，坐在教室前排的学生比坐在后排的学生表现得要好些。这个学区的教练模仿这个行为，要求他们的队员在每次职工大会上都坐在第一排。当这些文化规范在这个地区施行后，会议的氛围很快就变得更好了——因为有很多风险承担者参与到其中，久而久之，从前根深蒂固的文化就不太能对抗这个突破了。

■ 让教师来引领文化

招聘新教师时，你的目标是让现有的文化屈服于新教师，而不是朝着相反的方向，但说起来容易做起来难，因为一种强势的文化必定会抵制任何突破。对于新职工来说，现有的文化可能是一种疏远的、民族中心主义的力量，如果你校是这种情况，你一定要招聘那些可以帮你破坏它的新人，并给予他们所需的支持。这种方法同样适用于安排某些员工到某个年级或部门时——挑选那些对每种离散型亚文化都有绝对影响力的人。

当把新员工介绍给学校同事时，或许你想让所有人都知道这些新人是我们五年后想成为的样子。一些老教师可能不喜欢这样，但这就是事实——它表示在面对根深蒂固的文化抵制时，你是支持这些新教师的。你会确保新教师第一次见到的教师们——比如在暑期员工培训时，都是你校最棒的教职工，这可能需要学校方面给予一些幕后支持。记住：新教师总是不知道谁是最有负面传染力的老师，而后者通常也希望找朋友分担自己的负担。

可能一个新教师正慢慢地取代别人的角色——这个角色通常取决于被取代的那个教师离开时的样子。新教师越保留原来的状态，就越容易融入角色（和文化），但是，不要让新教师自动成为低效能教师，学校领导需要掌控这一局面——为新来的教师提供必要的安排，让他们意识到自己要摆脱过去的束缚，并推动未来的创新。

> 必须给新教师一定的发言权和发展空间，以对抗来自现有文化的种种压力，从而取得突破。

必须给新教师一定的发言权和发展空间，以对抗来自现有文化的种种压力，从而取得突破。但同时，他们也在寻求同事们的肯定，你学校这方面是什么状况？

第十一章
突破杠杆点

CHAPTER 11

Leverage Points

■ 重塑学校文化的九大杠杆点

重塑学校文化的一种方法是寻找你校阻力最小的点——文化（在突发状况下）不堪一击的杠杆点，学校危机是领导者有机会在某种情况下推行或者改变文化的应对方式。外部命令的实施，学校董事会选举中的举棋不定，校园里的建设工作——任何一件事情都可以用来介绍学校文化的新理念，例如，你校正在实施一套政府授权的教师评价系统，这种外部的威胁可能会加强教职工的联系，同时，作为校领导的你有机会公开提及那些可能阻止教师发展的事情，进而重塑学校文化。

某些关注未来的礼仪和仪式，如毕业典礼是介绍文化新理念的最好机会，且阻力最小。毕竟，当我们展望未来时，不会过多地为过去辩解。

根据彼得森及其同事们（1986）所述，组织文化可以按照以下七种方式来进行修正：

1. 通过在组织内创建新单位的方式；

2. 通过改变人事结构的方式；

3. 通过借助有远见的领导的方式；

4. 通过重新定义使命的方式；

5. 通过重新改组的方式；

6. 通过利用冲突来区分需要支持和规定的价值观；

7. 通过利用危机来重新调整目标和优先考虑的事情的方式。

然而，库和怀特（1988）却认为这些发现的实证支持是氛围的变化，而非文化的变化，我们相信他们的担忧有一定的必要。

杠杆点1：学年的开始

学年第一天的情景：学生穿着鲜艳，学习用品整洁又条理，他们正轻快地走过一个又一个班级，同时，学生也经常不确定他们的朋友在哪儿（甚至谁是他们的朋友），他们也不知道从老师那可以学到什么。这一学年的亚文化还没有建立起来——任何事情，或好或坏，都是可能的。

学年伊始，每个班级的文化就像等待被塑造的一坯泥土，老师与学生交流的程度、声调和方式，对品行不端的学生的态度——所有这些和许多其他因素促成了最终的文化塑造。学年伊始，各班都有打蜡的地板、好用的削笔刀、还有水池旁边整卷的卫生纸。窗户设计成一块新修剪的草坪，上面印着一串串欢快的"欢迎回来"的字样。

教师走进了本学年第一次教职工大会会场，脚步中透着比去年更多的春天的气息，他们看见了一些新面孔——想在来年结识的同事，房间的墙上可能喷着新漆或者布告栏四周装饰一新。除了反应最迟缓的教师，所有人都笼罩在希望和兴奋的气氛中。如果去年事情进展得很好，每个人都会为学校的成就而自豪并准备再接再厉；如果事情进展得不如往年顺利，那么职工可能会下决心扭转学校的命运。不管去年还是在过去的20年里学校文化是什么样子，我们现在都有机会去改变它——让它更好。

尽管学年伊始只是校历上许多可能的杠杆点中的一件事情，但它是最重要的，因为是在暑假后才开学这个独特的优势，学校领导有足够的时间来准备新学年。

杠杆点2：新的校长

迪尔和彼得森（2009）指出：一种文化在新领导产生时尤为珍贵。职工一定会把新领导和以往担任此职的任何一位领导者做比较，这取决于新领导的前任是高效能的成功人士，还是低效能的失败者。新领导在最初几个小时、最初几天以及最初几个周里的行为举止都是非常关键的——他/她说的、做的事情都将极大地影响学校成员对本学年的期望。

新校长会不会拿着剪贴板和秒表在校园里闲逛？他/她有没有

给职工额外的自由时间？无论这种愿景是更严格还是更散漫，职工在某种程度上都会遵从它，真正的挑战是如何将这种愿景植入到文化中。

职工在他们第一次见到新校长时通常都表现得最好，所以这些时刻可能是重塑学校文化最有利的杠杆点。当然，如果你是那位新校长，你一定有一个愿景和实施它的才能。你也需要尽快明确你的喜好，比如，在新学校的第一天，秘书们问你怎么接电话，你应该立刻答复他们，并辅以具体的细节。通过在早期设立期望，你就完全可以避免调整你的行为了。如果在劝诫职工之前还没透露出你的喜好，职工就会对你的行为感到愤恨，进而抵制你为学校所设立的愿景，如果这样的事情真的发生了，那就是你和文化在对峙——而且文化赢了。

～～～～～～～～～～～～～～～～～～～～～～～～

行为的改变会影响学校氛围，但未必会影响学校文化。

～～～～～～～～～～～～～～～～～～～～～～～～

我们不是说改变低效能教师的行为是不可能的，只是行为的改变会影响学校氛围，但未必会影响学校文化。这种变化如果是外在动机引起的，可能会迅速发生（例如，如果他们是被强制执行的），但是真正的文化变化是买不来的——学校必须做好准备。如果现在领导层团队推行学校的某种亚文化，那么这种变化将会发挥最大的效力。

杠杆点3：历年中的自然转变

学年中的每个过渡期都是可以用来重塑文化的关键点，举例来说，在新年，你可能会宣布你的新年计划，更经常去参观各个教室，以便观察到每个老师所做的所有美好的事情，甚至你还会补充说，学生都在炫耀自己的班级，你只是迫不及待地想一睹为快。

发表这样的声明后，你觉得接下来会发生些什么？教师会暂时改变他们教室的氛围并期待你的到来——清扫教室、稍微调整他们的课程，或许穿得更职业化。为了使这种氛围变化转变成文化变化，你必须坚持你的承诺并真正做到经常光顾教室。如果你只是拜访了一小部分教师就作罢，那些阴谋论者会非常愉快："他去过你的教室了吗？他去过我的教室，很奇怪他为什么没去你的教室？"如果你只是偶尔或者很长时间去一次教室，就会受到怀疑——教师们也不愿接受这种文化转变。

另一个充分利用教师帮助的极好时间是给他们分派进度表的时候，和教师们一起交流你起草的进度表，如果任何一个教师问他们是否能做点什么以换取更方便的进度表，你要给予肯定的答复：他们能帮你重塑文化。

杠杆点4：假期

假期聚会和娱乐能促进职工之间的友好关系——当大家心情

都不错的时候，他们更易接受你所提议的改变。利用这些场合，种下几粒可能导致未来发生改变的种子。暑期是你和职工增进感情的美好时光，例如，考虑给职工的父母寄假期贺卡，并让他们知道他们的孩子对学校是多么重要。

杠杆点5：婚礼和葬礼

不妨考虑和职工在校外一起举办一些活动来庆祝或者悼念他们一生中重要的时刻，这些是和他人保持更多联系并可能巩固你的人际关系的极好时机。

杠杆点6：奖励和荣誉

利用庆祝奖励和荣誉的方式来重塑你校文化，但要小心——同事的嫉妒能让获奖人锐气大戳，这样的反应会阻碍职工努力变革未来的学校文化。

杠杆点7：考试分数

在学年中有几个特定的时间段，教师会为预期的学生考试成绩所困扰。学生考试成绩不好的影响可能是消极的或者积极的，这取决于教师随后采取的行动。如果教师的反应是怪罪于所有人（除了他们自己）——去年的教师、不负责任的父母、无知的立法者，学校文化将保持不变。相反地，如果教师的反应是批判性地反思自己的行为，他们最终可能会朝着积极的方向变革学校文化。

好的成绩可能是因为教师的能力——或者他们可能完全归功于学生自己的天赋。如果成绩好，父母将会很自然地抵制文化中的任何改变。对于教师来说，把好成绩视作自己辛勤工作的回报，并且为了提高成绩而愿意加倍努力是非常重要的。

杠杆点8：外部指示

新的测试指导方针、不同的课程重点、教师评价系统的改进——无论是什么指示，以涓涓细流或者大满贯的方式影响学校通常都不会花费太长时间，有意使用这些指示来深入开展文化变革是一个好主意。在许多学校，文化的第一功能是对抗任何自上而下的指示。在这种情况下，许多校长会设法让职工安心，一切都和平常没什么两样，但是如果我们不想这样怎么办？难道我们不想利用新的指示把事情做得更好吗？不是让你校表现不佳的老师止步不前，而是让他们意识到新指示给予他们的机会，同时也承认随之而来的挑战（"你将怎样应对所有这些变化"，"我敢打赌你就像在一个隧道里，而且火车正从两头驶来！"）。不要让他们仍停留在自己碌碌无为的舒适区里。

重塑文化就像远洋班轮掉头——需要很长时间。

重塑文化就像远洋班轮掉头——需要很长时间。然而，我们不想让所有人都来改变方向，因为有些教师已经在推进文化的发展了。这些教育管理者需要在各个可能的方面感都感到安心，但阻碍文化进展的那些教师不应该和那些为推进文化而努力的教师获得一样的情感支持，除非他们愿意改变方向。当然，抵制文化变革的教师在任何时候愿意改变他们的方式，领导应该帮助他们，使这种改变更为简单。

杠杆点9：第一次，或者一次性的事件

文化把过去当作现在的模板。对文化来说，对既定情景的可预见性反应比有效性更重要——毕竟，我们事后总能编造理由。然而，事情第一次发生时，文化没有可以用来和现在比较的模板。如果小心处理，这些不安的时刻能充当重塑你校文化的杠杆点。下面我们只举几个例子。

文化把过去当作现在的模板。

■ 如何应对危机

我们当然希望你的学校永远也不会有严重的危机，比如枪击事件或者自然灾害，但如果这样的事真的发生了，它将成为改进文化的一个开端，然而，正如庞德尔（1998）指出："威胁和压力

使人们更坚定地维护他们的社会结构和传统。"

1999年的科伦拜校园事件和2011年9·11恐怖分子袭击事件，导致美国许多学校重新评估他们的校园安全举措，并限制游客接近学生。这些学校的文化和你校文化会有什么差别呢？比如，在是否允许学生有自己的手机的问题上。在地方层面，被龙卷风或其他自然灾害袭击的学校会在天气有不祥预兆时想出新的方法来保证学生的安全，龙卷风演习会让这些学校的文化和你校文化有怎样的不同？恐怖事件会改变人们的想法，改变他们在将来对类似的事件的准备方式和反应，他们也给教育管理者提供了一个独特的机会以审视学校团体的重要性，并且提醒他们在他人生活中自己扮演着必不可少的角色。我们从灾难中学会更好地欣赏生命，以及明白了始终给予彼此最高的评价是多么地重要。

学校职工解决危机的方式能创建新规范，对现存文化的价值或支持或挑战。对学生成绩也有好处："危机加剧焦虑，减少焦虑是一个强大的新的学习动机。如果人们分享紧张的情感经历并且一起学习怎样缓解焦虑，他们就更容易记住他们所学的东西。"（沙因，1992）文化教会他们的成员如何解决他们共同面对的问题，从而缓解他们的焦虑，随之而来的是文化变革要求人们改变甚至放弃他们的防御机制。

死亡

当面对同事或者学生的死亡时，学校成员会经常聚集在一起，最终形成一种互相之间前所未有的亲密关系。一些改变人生的事件的发生是一个好机会，我们可以反思自己的生活方式以及思考我们每天努力工作能够为后人留下什么。人在离世时给我们最后的礼物，让我们重新审视自己是否有所作为。

政府补贴和外界认可

许多学校寻求政府补贴以资助文化变革——新项目，额外资源，扩招职工，等等，通常会因为职工墨守成规，不能创新性地思考问题而失败。一旦首次举措真的失败了，不需要多久，文化本身就会决定这笔补贴资金的用途。

以文化变革的名义寻求补贴和申请奖励是将文化（或文化变革的推手）置于一种风险之中：要么被奖赏，要么被否定。无论这些努力成功与否，它们都是展示你校文化价值观的机会。如果成功了并希望持之以恒，那么对任何成功的公开庆祝活动都是必不可少的。这些庆祝活动是重大的场合，文化变革的推动者可以分享他们寻求外界认可所做的努力。你可能私下会称赞并提供额外支持给这些甘愿承担风险并付出努力的这些人，但同时你也应该确保大量为文化变革付出努力的关键人员能够得到相应的酬劳。

第十二章
学年周期如何影响文化重塑

CHAPTER 12

How the School-Year
Cycle Affects
Cultural Rewiring

教育是如此不同寻常的一个职业：每一学年都有明确的起点
和终点，巧妙地利用这一学年周期是推动你校文化发生改变的最
有效的方法之一。通常，学年伊始是更新活力和希望的时间，教
师和后勤人员都很期待将要发生的事情。一想到作为教育管理者，
我们每年都有机会做出改善，是何等幸运啊！设想一下，一个银
行经理在秋天的某个早上醒来，说："今年，这里的一切将变得与
众不同！"这对教育管理者来说很有效果，但对银行经理就不是
那么有效果了，不是吗？

　　学年伊始为新老教师提供了联络感情并进行文化变革的机会，
暑假期间，教学楼很可能进行了修缮，使职工对学校有了全新的
看法。重新油漆过的教室、新的标记、餐厅的装饰——任何实际
的改变都会给职工带来心理上的触动，意识到学校里发生了新变
化。当然，有些人可能会抱怨把钱花在涨工资或者技术升级上更
好，但教师的核心力量对环境的积极改变会表示欣赏。

　　所以，利用校历为文化变革服务的最好方法是什么呢？准备

开始之前，先了解下下面的一些技巧和策略。

■ 开学第一天

在学校里找几个你认为可以帮你重塑学校文化的高效能教师，和他们分享改变学校文化的一些想法，可以一对一地或者几个教师组成一个小组，但不要提文化这个词。开始谈话要随意一些——你需要教师给出新想法而不是新举措，谈论你校文化的现状和你希望学校成为的样子是相对的。

让教师分享他们关于学校文化新方向的具体想法，这样学校文化的合作化愿景开始成形，让教师对未来充满好奇和兴奋。考虑和大家分享前几章讨论过的调查项目，把你想在学校里达到什么目标的想法传达给教师们。有一天这样的做法将会很有成效：注重引导教师相信积极的变化是可能的，并且他们有能力引导变化发生，而不是让职工过多地背负一些不重要的想法。

~~~~~~

文化变革是作为概念开始的，几年后这些概念才会开始深入人心。

~~~~~~

文化变革是作为概念开始的，几年后这些概念才会开始深入人心——那时教师会在走廊上碰面讨论最佳教学方法，在教职工大会上分享他们的成功与挫败，互相听课，等等。

■ 开学第一周

整个一周内都以非正式的方式保持第一天那样的谈话，和你挑选出来的教师讨论该怎样向同事提议新的想法。一种可能的方法是，要求被选中的教师和他们的同事就他们正考虑实施的几个新的实践方法开始非正式的讨论。利用这种方式，你可以间接地帮助引导教师亚文化的重塑——特别是一些教师带着新想法来找你的时候。

允许教师尝试新的方法并鼓励他们彼此分享自己的发现。

允许教师尝试新的方法并鼓励他们彼此分享自己的发现，或者在教职工大会上公开讨论，一旦有教师这样做了，就和他们谈论文化的概念——让他们给学校其他教师带来讨论话题。如果你想开始做一些事情，就必须寻求几个德高望重并关系紧密的教师来帮你。人们极有可能会因为他们的朋友强烈要求他们去做而接受一些想法，而不仅仅是因为它是一个好主意。

想想未来应该是很有乐趣的，但在我们设法取得成功时遇到了障碍，就会毫无乐趣而言，在学校永远会有一些老师因为怀旧而抵制改变。通常，大家很清楚这些人是谁以及他们对新想法的反应，不妨考虑让其中一个消极的人参与你们的谈话，或让他们信服你们的思维方式，或者搞清楚他们作为文化的代言人会怎样对抗变化。你的任务是挑战这些人对学校过去的记忆，倾听他们的故事，并设法揭露出那些潜在的任由这些故事继续存在的错误想法，通过和他们接触，设法搞清楚这些错误想法来自哪里。

开学第一周是一段美好时光，要思考如何在文化特别脆弱的杠杆点期间推动文化变革。你希望职工交流什么？当描述我们是谁、我们想成为谁的时候你拿什么来证明？谁能讲出最好的故事？在文化变革的最初阶段校长应该担任什么样的角色——讲坛上的牧师还是幕后的那个人？

文化不能引导人们彼此纷争，它们只能帮助人们感到安全。文化管理人们，它需要一些人引导另一些人。

■ 开学第一个月

改变文化要求你有耐心而不是原地踏步，氛围变化中的几个例子感觉像文化变化。在人们思想的前沿能够保持这些变化，特别是颂扬这样的新愿景是很好的。开学第一个月仍然是播种的好时机，讨论你是谁，你想成为怎样的人，实施有目的的措施以实现你的目标，开学第一个月也是使用学校文化调查（见第六章）这一方法的好时机。

记住：教师需要认为重塑学校文化是他们自己的主意，学校文化调查的结果最好能证实教师已经开始的谈话。教师要互相分享有关努力实施变化所遭遇到的文化阻力，并设法了解这种对抗的内因。

教师需要认为重塑学校文化是他们自己的主意。

■ 前六个月

在前六个月，要进行一次"学校文化类型学活动"调查（见第五章）。学年中期，人们能更好地反思学校里发生的事情，这项活动对职工来说意义更大一些，其结果会帮助职工清晰地了解现存文化的优缺点是什么，并且教师也有机会来维护他们目前正在做的事情。当然，因为活动揭示了文化的缺点，文化本身也不会喜欢它。

■ 第一个学年

一年是一段很长的时间——除非我们正在谈论地质学、天文学，或者文化。在学年结束时再开展一次学校文化调查，看看是否有任何变化。通过监测教师的行为和谈话，文化变革在这一变化过程开始不久后是最简单的。倾听你在学年伊始传递的信息，是不是学校内外大家都在分享这个信息？人们使用什么比喻方式来描述他们的努力？大家是怎样形容你的？

下一个学年即将开始，关于要运用哪种策略来重塑学校文化最有效，你已经胸有成竹了。现在你知道了谁是你的盟友以及谁是文化变革的障碍，你的职工应该有信心推进改变未来的新想法，也会称赞那些为文化进步做了贡献的人。

第十三章
建立学校文化重塑团队

CHAPTER 13

Building a School Culture Rewiring Team

德雷克·西弗斯（2010）的一个标题为"第一个追随者：跳舞小子的领导才能课"的视频像病毒一样在网上传播开来，视频展示了一个独自在公共场合跳舞的人是如何诱导他人一起跳舞、并迅速加大造势直至一群人一起跳舞的情景。视频的叙述者把第一个人视作"孤独的螺母"，提出了下面的人群形成理论，并告诉我们重塑校文化的方法：

* 螺母——即冒着风险破坏文化的领先者——孤独一个人，他/她是头号领先者。

* 头号领先者需要创造一个大家容易跟随的愿景。

* 加大造势不应该只是头号领先者的事情，而是大家的愿景。

* 第二位领先者是第一个追随螺母的人——这样螺母就转化成了一个领先者。

* 第三位领先者是第二个追随头号领先者的人——促使其他人参与并给愿景造势的人（新的追随者往往模仿其他追随者，而不是模仿主要的领先者）。

- 当一大群人成为愿景的追随者，事情就到了一个临界点——现在不加入这个活动反而有风险了。

在组建你的重塑学校文化团队时，可以以正式或非正式的方式来运用这一理论。

■ 如何增强团队执行力

学校文化改善团队的存在是学校最近的常态，职工对教学楼里正进行的事情有了主人翁意识，并至少阻止了学校领导暗地里独自发号施令的表象。

这一章，我们要教你一种方法，决定哪些职工可能最适合帮你实现重塑学校文化的愿景。我们要提及下面两本书，在这里我们要讨论其中一些想法：《影响：改变一切的力量》（2007），由克里·帕特森、约瑟夫·格雷尼、大卫·麦克斯菲尔德、罗恩·麦克米伦以及阿尔·斯维斯勒编写；《关系：小世界和网络开创性理论》（2003），由麦克·布坎南编写。

第一步：为教师排名

当要敲定为你的团队工作的人选时，考虑按照两个主要标准对你校每个教师进行评估：（1）效能；（2）影响他人的能力。使用表13.1的分等矩阵，沿着图表的Y轴，按照高效能（+3至+5），一般效能（0至+2），或者低效能（-1至-5）为教师排名。

表13.1 教师分等矩阵

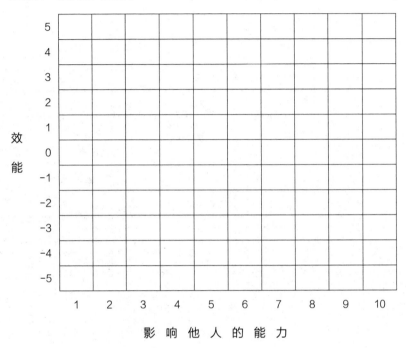

当对教师影响他人的能力进行评估时，你不是在找二手车推销员、中途诘问者，或专题广告主持人——而是在寻找一些别人信任的人来讲故事。毕竟，文化是长年累月的故事积累，故事指的是文化如何在人与人之间传达它自己，故事是文化用来向下一代传递其价值的货币。运用分等矩阵，沿着图表的X坐标按照0至10的级别来评估你校教师讲故事的技巧。你指定的等级带有极其明显的主观色彩，这非常好——要利用你的直觉。表13.2描绘了对你校所有的教师进行评估后图表可能看起来的样子。

表13.2　标出点的样本教师分等矩阵

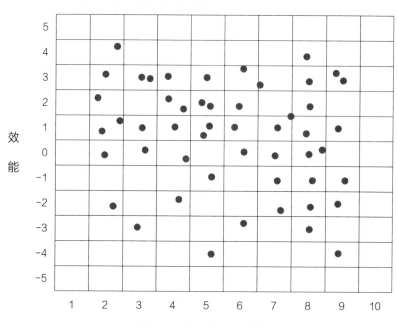

效
能

影 响 他 人 的 能 力

第二步：联系教师

一旦你把每个教师都绘制在图表上，下一步的任务是画线，用粗线表示经常聚在一起的、关系比较亲密的教师（那些在校外一起吃饭并互相交往的教师），用细线表示关系较疏远的教师（那些坐在一起的时候可能会开始交谈但不会寻求彼此建议的教师）。表13.3描绘了这些关系绘制清楚后矩阵看起来可能是什么样子。

一旦开始绘制你知道的任何教师之间的关系，你可能就开始

表13.3 描绘出教职工关系的样本教师分等矩阵

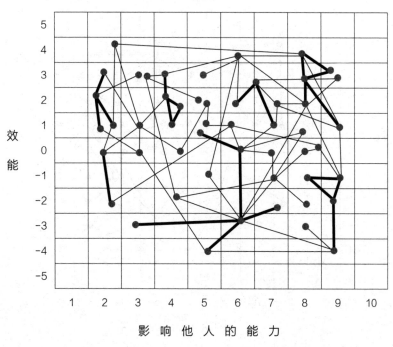

了侦查模式，例如，许多粗一点的线条可能呈现出三角形——可能是因为效能程度类似的教师聚集在一起。当你觉得已经绘制出了一幅典型的、有代表性的教职工关系的图表时，一定要确认那些和同事关系最密切的教师个体（见表13.4）。

别让粗线条欺骗了你——实际上，细线条，或者弱关系对我们更有用。引用布坎南（2003）的话："你能击倒任何一种对网络内'社会距离'没有多少影响的强联系。"（第42页）如格兰诺维特所述，布坎南把网络内任何弱联系都称为社交桥——即，"一种

表13.4 描绘出教职工关系的样本教师分等矩阵

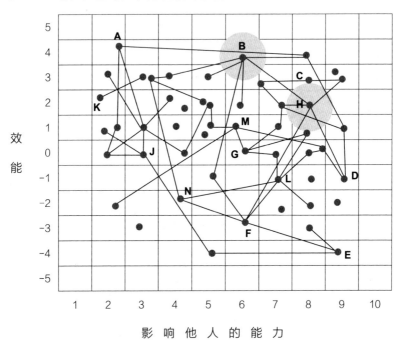

把部分社会结构团结在一起的至关重要的联系……弱联系通常比强联系重要的多……这些都是'社交捷径',一旦被消除,将导致网络支离破碎"(第43页)。

第三步:传播病毒

你想让新的文化愿景像病毒一样在学校里教师之间迅速传播,学校里哪些教师能让文化传播最快?如果你只是让那些关系最密切的教师来传播新愿景,有可能新愿景依然存在于那些线条代表的团体内，相反地，如果你让那些关系最不密切的教师来传播新愿景，他们就会迅速地行动起来。

通过尊重过去、崇尚未来的故事来介绍你的新愿景，派你的团队出去讲述这些故事。你的团队成员不仅可以讲述让人信服的故事，还可以倾听职工中任何其他人的故事，你的团队能够感受到学校氛围的变化。

不要认为学校文化改善团队仅仅是每月一次见个面，或者看看数据，而是应该每天和所有的教师都有互动。团队成员应该找出并回应消极的反馈，然后制订计划来处理这些事情。他们从孤独的螺母转变成领先者，澄清了文化的新方向，为新文化提供支持，并且为学校其他职工树立了榜样。

了解有影响力的人永远都会影响他人是很重要的——他们的影响力不是一项兴趣爱好，而是一种生活方式。有影响力的人为了有机会与他人分享而生活，有些人会分享那些符合推进文化变革计划的故事，还有些人为了维持现状而分享。哪一群人能赢，由你决定。

挑选重要的几个人，他们必须包含在正式的领导团队或者非正式的谈话小组中，以便以后的任务更易于管理。这个团队是你的进攻线，橄榄球的四分卫如果进攻线很一般或者很薄弱，就不可能取得好成绩。你不可能靠自己去改变组织文化，但是没有这些有影响力的关键人物的参与，你更不可能做到。

第十四章
领导层的重要性

CHAPTER 14

Leadership Matters

大家都听说过给被解雇的华尔街高管补偿奖金和"黄金降落伞"（巨额遣散费）的故事，给这种仅仅穿着西装整天坐在桌子后面的人如此丰厚的补偿是多么荒谬！难怪有些人会觉得，组织里如果一个领导也没有可能会更好一些，但那些高喊着当领导是多么容易的人通常最不可能申请领导职位，在他们心底深处非常明白当领导一点也不简单。他们知道一个领导者，特别是在处理棘手问题时，是多么的重要，并且他们知道，领导者无时无刻不暴露在他人面前。

批评领导者要比做领导者容易得多。消极的教师可以肆意抨击敢于冒险创新的人，却不愿为了建设一个更好的学校贡献自己的力量，这些消极的教师错误地把他们的玩世不恭当作是智慧，或许以为他们正在进行正义之战，是在保护学校，我们需要把他们视作新文化最弱的成员。

正如我们在前几章提到的，一种组织文化不需要靠强有力的领导者来持续下去，那么，如果领导能力有任何影响的话，它能

171

给文化带来什么影响呢？

■ 领导力很关键

组织里发生的任何事情都反映了领导能力，正如谚语所说："领导打个喷嚏，大家都会感冒。"以运动队为例，当他们遇到困难时，不论我们多么责备裁判或者观众，最终责任还是会直接落在教练和球场上的老队员身上。在商界也是同样的道理，如果一个公司做得不好，一定会归咎于某个高层领导。文化会对领导能力有着极大的影响，但领导会使一切改变发生。

因素与错误

立法和授权、筹资水平、教师工会、学生的社会经济状况、家长参与的程度：影响你校文化的因素尽管有很多，但文化不是其中任何一个因素的错误。想想其他学校和地区，他们遇到过和你学校类似（甚至更差）的情况并且已经设法解决了这些问题，他们是怎么做到的？领导力！

最近，我们从州教育部看到了一个宣传视频，介绍了一个学校取得了提议的新项目的成功。视频通过展示学校的片段——一个具有超大学生规模的学校，来记录项目成功实施的过程，视频展示了热情的教职工和校长正努力地实施新项目。通过这个视频，我们意识到学校的成功更多地依赖于员工的领导力，而不是自吹自播的新项目。这所学校有一位很典范的校长，能够不在乎州授权而努力地为学生服务。

当然，在一所学校的成功与失败中，文化也起着一定作用，但它需要领导者把那种文化转化成一种强烈的、支持学生成绩的文化。这样，领导者就必须对学校传统文化有所见解，并调和其中的细微差别。

填补空白

当领导者缺乏领导力时，大家会设法提供这种能力。遗憾的是，通常是学校里那些最消极的人做得最好，一个低效能的校长反而会使反对者的抱怨更有影响力，这种影响力甚至远远超过强势领导力的影响力。这同样适合于地区层面，如果大家视负责人为低效能的，那么最关键的董事会成员在管理地区事务中会经常发挥更加积极的作用。

当领导者缺乏领导力时，大家会设法提供这种能力。

"你为什么不停地对她说而不是亲吻她？"

电视剧《美妙人生》里有一个情景：乔治·贝利在他最后一个妻子玛丽身边支支吾吾，紧张得无法开始下一步的行动。一位老者看着他，大声喊道："你为什么不停地对她说而不是亲吻她？"

换句话说——"你为什么不停地谈论文化而不是重塑文化？"这种情感同样适合于学校。我们可以谈论文化，可以谈论改变文化，也可以谈论改变文化之前需要做的事情——或者我们可以就此开始改变文化。因为文化更喜欢恰到好处地保持它本身的样子，宣布你想要改变文化实际上可能会加强文化，最好的进攻方式是在对方的防御没有被激发起来的时候。

你可以开始设定期望，但不要宣布它们是新的期望，只管去设定好了！如果这是你在某个特定学校里的第一年，这样做最容易，因为工会期待你带来一些新变化。同样地，一旦设定了新的期望，不要把它们当成新的——让它们看起来是原有的期望。

■ 积极的力量

记住：大声谈论成功会使人们感觉很成功，然而铺天盖地的谈论障碍会使人们想要放弃。挑选一些简短的、催人上进的影像资料或者歌曲在教职工大会上播放，可以使你学校的事情始终保持正面、积极。然而，同大家一起分享教师被称赞的故事会更好。不断地提醒职工你们是多么幸运，你是多么感激他们，成为教育管理者你们是多么庆幸，这些都是至关重要的。

■ 为学生做最重要的事

希望这本书可以给你提供一些灵感，帮助你如何重新塑造你们学校的文化。尽管"文化"本身是个很有挑战性的概念，但文化对学校发生的一切产生的影响力却是极为巨大的。培养起对文化的意识——能够理解、评估和改变它，是我们能为学生所做的最为重要的事情。毕竟，我们不仅仅希望我们的学校会与众不同，我们还希望它能够更进一步、越来越好。

祝你重塑文化之旅愉快！这绝对是非常值得的经历！

"常青藤"书系—中青文教师用书总目录

书名	书号	定价
特别推荐——从优秀到卓越系列		
★ 从优秀教师到卓越教师：极具影响力的日常教学策略	9787515312378	33.80
★ 从优秀教学到卓越教学：让学生专注学习的最实用教学指南	9787515324227	39.90
★ 从优秀学校到卓越学校：他们的校长在哪些方面做得更好	9787515325637	59.90
★ 卓越课堂管理（中国教育新闻网2015年度"影响教师的100本书"）	9787515331362	88.00
名师新经典/教育名著		
最难的问题不在考试中：先别教答案，带学生自己找到想问的事	9787515365930	48.00
在芬兰中小学课堂观摩研修的365日	9787515363608	49.00
★ 马文·柯林斯的教育之道：通往卓越教育的路径（《中国教育报》2019年度"教师喜爱的100本书"，中国教育新闻网"影响教师的100本书"。朱永新作序，李希贵力荐）	9787515355122	49.80
★ 如何当好一名学校中层：快速提升中层能力、成就优秀学校的31个高效策略	9787515346519	49.00
★ 像冠军一样教学：引领学生走向卓越的62个教学诀窍	9787515343488	49.00
像冠军一样教学2：引领教师掌握62个教学诀窍的实操手册与教学资源	9787515352022	68.00
★ 如何成为高效能教师	9787515301747	89.00
★ 给教师的101条建议（第三版）（《中国教育报》"最佳图书"奖）	9787515342665	49.00
★ 改善学生课堂表现的50个方法（入选《中国教育报》"影响教师的100本书"）	9787500693536	33.00
改善学生课堂表现的50个方法操作指南：小技巧获得大改变	9787515334783	39.00
美国中小学世界历史读本/世界地理读本/艺术史读本	9787515317397等	106.00
美国语文读本1-6	9787515314624等	252.70
和优秀教师一起读苏霍姆林斯基	9787500698401	27.00
快速破解60个日常教学难题	9787515339320	39.90
★ 美国最好的中学是怎样的——让孩子成为学习高手的乐园	9787515344713	28.00
建立以学习共同体为导向的师生关系：让教育的复杂问题变得简单	9787515353449	33.80
教师成长/专业素养		
教师生存指南：即查即用的课堂策略、教学工具和课程活动	9787515370521	79.00
如何更积极地教学	9787515369594	49.00
教师的专业成长与评价性思考：专业主义如何影响和改变教育	9787515369143	49.90
精益教育与可见的学习：如何用更精简的教学实现更好的学习成果	9787515368672	59.00
教学这件事：感动几代人的教师专业成长指南	9787515367910	49.00
如何更快地变得更好：新教师90天培训计划	9787515365824	59.00
让每个孩子都发光：赋能学生成长、促进教师发展的KIPP学校教育模式	9787515366852	59.00
60秒教师专业发展指南：给教师的239个持续成长建议	9787515366739	59.90
通过积极的师生关系提升学生成绩：给教师的行动清单	9787515356877	49.00
卓越教师工具包：帮你顺利度过从教的前5年	9787515361345	49.00
★ 可见的学习与深度学习：最大化学生的技能、意志力和兴奋感	9787515361116	45.00
学生教给我的17件重要的事：带给你爱、勇气、坚持与创意的人生课堂	9787515361208	39.80
★ 教师如何持续学习与精进	9787515361109	39.00
从实习教师到优秀教师	9787515358673	39.90
像领袖一样教学：改变学生命运，使学生变得更好（中国教育新闻网2015年度"影响教师的100本书"）	9787515355375	49.00
★ 你的第一年：新教师如何生存和发展	9787515351599	33.80
教师精力管理：让教师高效教学，学生自主学习	9787515349169	39.90
如何使学生成为优秀的思考者和学习者：哈佛大学教育学院课堂思考解决方案	9787515348155	49.90
反思性教学：一个已被证明能让教师做到更好的培训项目（30周年纪念版）	9787515347837	59.90
★ 凭什么让学生服你：极具影响力的日常教育策略（中国教育新闻网2017年度"影响教师的100本书"）	9787515347554	39.90
运用积极心理学提高学生成绩（中国教育新闻网2017年度"影响教师的100本书"）	9787515345680	59.90

	书名	书号	定价
	可见的学习与思维教学：成长型思维教学的54个教学资源：教学资源版	9787515354743	36.00
★	可见的学习与思维教学：让教学对学生可见，让学习对教师可见（中国教育报2017年度"教师最喜爱的100本书"）	9787515345000	39.90
	教学是一段旅程：成长为卓越教师你一定要知道的事	9787515344478	39.00
	安奈特·布鲁肖写给教师的101首诗	9787515340982	35.00
	万人迷老师养成宝典学习指南	9787515340784	28.00
	中小学教师职业道德培训手册：师德的定义、养成与评估	9787515340777	32.00
	成为顶尖教师的10项修炼（中国教育新闻网2015年度"影响教师的100本书"）	9787515334066	49.90
★	T. E. T. 教师效能训练：一个已被证明能让所有年龄学生做到最好的培训项目（30周年纪念版）（中国教育新闻网2015年度"影响教师的100本书"）	9787515332284	49.00
	教学需要打破常规：全世界最受欢迎的创意教学法（中国教育新闻网2015年度"影响教师的100本书"）	9787515331591	45.00
	给幼儿教师的100个创意：幼儿园班级设计与管理	9787515330310	39.90
	给小学教师的100个创意：发展思维能力	9787515327402	29.00
	给中学教师的100个创意：如何激发学生的天赋和特长／杰出的教学／快速改善学生课堂表现	9787515330723等	87.90
	以学生为中心的翻转教学11法	9787515328386	29.00
	如何使教师保持职业激情	9787515305868	29.00
★	如何培训高效能教师：来自全美权威教师培训项目的建议	9787515324685	39.90
	良好教学效果的12试金石：每天都需要专注的事情清单	9787515326283	29.90
★	让每个学生主动参与学习的37个技巧	9787515320526	45.00
	给教师的40堂培训课：教师学习与发展的最佳实操手册	9787515352787	39.90
	提高学生学习效率的9种教学方法	9787515310954	27.80
★	优秀教师的课堂艺术：唤醒快乐积极的教学技能手册	9787515342719	26.00
★	万人迷老师养成宝典（第2版）（入选《中国教育报》"2010年影响教师的100本书"）	9787515342702	39.00
	高效能教师的9个习惯	9787500699316	26.00
课堂教学/课堂管理			
	如何在课堂上使用反馈和评价	9787515371719	49.90
	跨学科阅读技能训练：让学生学会通过阅读而学习	9787515372105	49.90
★	老师怎么做，学生才会听：给教师的学生行为管理指南	9787515370811	59.90
	精通式学习法：基于提高学生能力的学习方法	9787515370606	49.90
	好的教学是设计出来的：一套详细、先进、实用的卓越课堂设计和实施方案	9787515370705	49.00
	翻转课堂与差异化教学：以学生为中心的课内翻转教学法	9787515370590	49.00
	精益备课法：在课堂上少做多得的实用方法	9787515370088	49.00
	记忆教学法：利用记忆在课堂上建立深入和持久的学习	9787515370095	49.00
	动机教学法：利用学习动机科学来提高课堂上的注意力和努力	9787515370101	49.00
★	课堂上的提问逻辑：更深度、更系统地促进学生的学习与思考	9787515369983	49.90
	可见的教学影响力：系统地执行可见的学习5D深度教学	9787515369624	59.00
	极简课堂管理法：给教师的18个精进课堂管理的建议	9787515369600	49.00
★	像行为管理大师一样管理你的课堂：给教师的课堂行为管理解决方案	9787515368108	59.00
	差异化教学与个性化学习：未来多元课堂的智慧教学解决方案	9787515367095	49.90
	如何设计线上教学细节：快速提升线上课程在线率和课堂学习参与度	9787515365886	49.00
	设计型学习法：教学与学习的重新构想	9787515366982	59.00
	让学习真正在课堂上发生：基于学习状态、高度参与、课堂生态的深度教学	9787515366975	49.00
	让教师变得更好的75个方法：用更少的压力获得更快的成功	9787515365831	49.00
	技术如何改变教学：使用课堂技术创造令人兴奋的学习体验，并让学生对学习记忆深刻	9787515366661	49.00
	课堂上的问题形成技术：老师怎样做，学生才会提出好的问题	9787515366401	45.00
	翻转课堂与项目式学习	9787515365817	45.00
★	优秀教师一定要知道的19件事：回答教师核心素养问题，解读为什么要向优秀者看齐	9787515366630	39.00

书名	书号	定价
从作业设计开始的30个创意教学法：运用互动反馈循环实现深度学习	9787515366364	59.00
基于课堂中精准理解的教学设计	9787515365909	49.00
如何创建培养自主学习者的课堂管理系统	9787515365879	49.00
如何设计深度学习的课堂：引导学生学习的176个教学工具	9787515366715	49.90
如何提高课堂创意与参与度：每个教师都可以使用的178个教学工具	9787515365763	49.90
如何激活学生思维：激励学生学习与思考的187个教学工具	9787515365770	49.90
男孩不难教：男孩学业、态度、行为问题的新解决方案	9787515364827	49.00
★ 高度参与的线上线下融合式教学设计：极具影响力的备课、上课、练习、评价项目教学法	9787515364438	49.00
★ 跨学科项目式教学：通过"+1"教学法进行计划、管理和评估	9787515361086	49.00
课堂上最重要的56件事	9787515360775	35.00
★ 全脑教学与游戏教学法	9787515360690	39.00
★ 深度教学：运用苏格拉底式提问法有效开展备课设计和课堂教学	9787515360591	49.90
★ 一看就会的课堂设计：三个步骤快速构建完整的课堂管理体系	9787515360584	39.90
如何有效激发学生学习兴趣	9787515360577	38.00
如何解决课堂上最关键的9个问题	9787515360195	49.00
多元智能教学法：挖掘每一个学生的最大潜能	9787515359885	39.90
★ 探究式教学：让学生学会思考的四个步骤	9787515359496	39.00
课堂提问的技术与艺术	9787515358925	49.00
如何在课堂上实现卓越的教与学	9787515358321	49.00
基于学习风格的差异化教学	9787515358437	39.90
★ 如何在课堂上提问：好问题胜过好答案	9787515358253	39.00
★ 高度参与的课堂：提高学生专注力的沉浸式教学	9787515357522	39.90
让学习变得有趣	9787515357782	39.00
★ 如何利用学校网络进行项目式学习和个性化学习	9787515357591	39.90
基于问题导向的互动式、启发式与探究式课堂教学法	9787515356792	49.00
如何在课堂中使用讨论：引导学生讨论式学习的60种课堂活动	9787515357027	38.00
如何在课堂中使用差异化教学	9787515357010	39.90
★ 如何在课堂中培养成长型思维	9787515356754	39.90
每一位教师都是领导者：重新定义教学领导力	9787515356518	39.90
★ 教室里的1-2-3魔法教学：美国广泛使用的从学前到八年级的有效课堂纪律管理	9787515355986	39.90
如何在课堂中使用布卢姆教育目标分类法	9787515355658	39.00
如何在课堂上使用学习评估	9787515355597	39.00
7天建立行之有效的课堂管理系统：以学生为中心的分层式正面管教	9787515355269	29.90
积极课堂：如何更好地解决课堂纪律与学生的冲突	9787515354590	38.00
设计智慧课堂：培养学生一生受用的学习习惯与思维方式	9787515352770	39.00
追求学习结果的88个经典教学设计：轻松打造学生积极参与的互动课堂	9787515353524	39.00
从备课开始的100个课堂活动设计：创造积极课堂环境和学习乐趣的教师工具包	9787515353432	33.80
老师怎么教，学生才能记得住	9787515353067	48.00
多维互动式课堂管理：50个行之有效的方法助你事半功倍	9787515353395	39.80
智能课堂设计清单：帮助教师建立一套规范程序和做事方法	9787515352985	49.90
提升学生小组合作学习的56个策略：让学生变得专注、自信、会学习	9787515352954	29.90
快速处理学生行为问题的52个方法：让学生变得自律、专注、爱学习	9787515352428	39.00
王牌教学法：罗恩·克拉克学校的创意课堂	9787515352145	39.80
让学生快速融入课堂的88个趣味游戏：让上课变得新颖、紧凑、有成效	9787515351889	39.00
★ 如何调动与激励学生：唤醒每个内在学习者（李希贵校长推荐全校教师研读）	9787515350448	39.80
合作学习技能35课：培养学生的协作能力和未来竞争力	9787515340524	59.00
基于课程标准的STEM教学设计：有趣有料有效的STEM跨学科培养教学方案	9787515349879	68.00
如何设计教学细节：好课堂是设计出来的	9787515349152	39.00

	书名	书号	定价
	15秒课堂管理法：让上课变得有料、有趣、有秩序	9787515348490	49.00
	混合式教学：技术工具辅助教学实操手册	9787515347073	39.80
	从备课开始的50个创意教学法	9787515346618	39.00
	中学生实现成绩突破的40个引导方法	9787515345192	33.00
	给小学教师的100个简单的科学实验创意	9787515342481	39.00
	老师如何提问，学生才会思考	9787515341217	49.00
	教师如何提高学生小组合作学习效率	9787515340340	39.00
	卓越教师的200条教学策略	9787515340401	49.90
	中小学生执行力训练手册：教出高效、专注、有自信的学生	9787515335384	49.90
	从课堂开始的创客教育：培养每一位学生的创造能力	9787515342047	33.00
	提高学生学习专注力的8个方法：打造深度学习课堂	9787515333557	35.00
	改善学生学习态度的58个建议	9787515324067	36.00
★	全脑教学（中国教育新闻网2015年度"影响教师的100本书"）	9787515323169	38.00
★	全脑教学与成长型思维教学：提高学生学习力的92个课堂游戏	9787515349466	39.00
★	哈佛大学教育学院思维训练课：让学生学会思考的20个方法	9787515325101	59.90
	完美结束一堂课的35个好创意	9787515325163	28.00
	如何更好地教学：优秀教师一定要知道的事	9787515324609	49.90
	带着目的教与学	9787515323978	39.00
★	美国中小学生社会技能课程与活动（学前阶段/1-3年级/4-6年级/7-12年级）	9787515322537等	215.70
	彻底走出教学误区：开启轻松智能课堂管理的45个方法	9787515322285	28.00
	破解问题学生的行为密码：如何教好焦虑、逆反、孤僻、暴躁、早熟的学生	9787515322292	36.00
	13个教学难题解决手册	9787515320502	28.00
★	让学生爱上学习的165个课堂游戏	9787515319032	59.00
	美国学生游戏与素质训练手册：培养孩子合作、自尊、沟通、情商的103种教育游戏	9787515325156	49.00
	老师怎么说，学生才会听	9787515312057	39.00
	快乐教学：如何让学生积极与你互动（入选《中国教育报》"影响教师的100本书"）	9787500696087	29.00
★	老师怎么教，学生才会提问	9787515317410	29.00
★	快速改善课堂纪律的75个方法	9787515313665	39.90
★	教学可以很简单：高效能教师轻松教学7法	9787515314457	39.00
★	好老师可以避免的20个课堂错误（入选《中国教育报》"影响教师的100本图书"）	9787500688785	39.90
★	好老师应对课堂挑战的25个方法（《给教师的101条建议》作者新书）	9787500699378	25.00
★	好老师激励后进生的21个课堂技巧	9787515311838	39.80
	开始和结束一堂课的50个好创意	9787515312071	29.80
	好老师因材施教的12个方法（美国著名教师伊莉莎白"好老师"三部曲）	9787500694847	22.00
★	如何打造高效能课堂	9787500680666	29.00
	合理有据的教师评价：课堂评估衡量学生进步	9787515330815	29.00
班主任工作/德育			
	30年班主任，我没干够（《凭什么让学生服你》姊妹篇）	9787515370569	59.00
★	北京四中8班的教育奇迹	9787515321608	36.00
★	师德教育培训手册	9787515326627	29.80
★	好老师征服后进生的14堂课（美国著名教师伊莉莎白"好老师"三部曲）	9787500693819	39.90
	优秀班主任的50条建议：师德教育感动读本（《中国教育报》专题推荐）	9787515305752	23.00
学校管理/校长领导力			
★	哈佛大学教育学院学校创新管理课	9787515369389	59.90
	如何构建积极型学校	9787515368818	49.90
	卓越课堂的50个关键问题	9787515366678	39.00
	如何培育卓越教师：给学校管理者的行动清单	9787515357034	39.00
★	学校管理最重要的48件事	9787515361055	39.80
	重新设计学习和教学空间：设计利于活动、游戏、学习、创造的学习环境	9787515360447	49.90
	重新设计一所好学校：简单、合理、多样化地解构和重塑现有学习空间和学校环境	9787515356129	49.00

书名	书号	定价
让樱花绽放英华	9787515355603	79.00
学校管理者平衡时间和精力的21个方法	9787515349886	29.90
校长引导中层和教师思考的50个问题	9787515349176	29.00
如何定义、评估和改变学校文化	9787515340371	49.90
优秀校长一定要做的18件事（入选《中国教育报》"2009年影响教师的100本书"）	9787515342733	39.90
学科教学/教科研		
精读三国演义20讲：读写与思辨能力提升之道	9787515369785	59.90
中学古文观止50讲：文言文阅读能力提升之道	9787515366555	59.90
完美英语备课法：用更短时间和更少材料让学生高度参与的100个课堂游戏	9787515366524	49.00
人大附中整本书阅读取胜之道：让阅读与作文双赢	9787515364636	59.90
北京四中语文课：千古文章	9787515360973	59.00
北京四中语文课：亲近经典	9787515360980	59.00
从备课开始的56个英语创意教学：快速从小白老师到名师高手	9787515359878	49.90
美国学生写作技能训练	9787515355979	39.90
《道德经》妙解、导读与分享（诵读版）	9787515351407	49.00
京沪穗江浙名校名师联手教你：如何写好中考作文	9787515356570	49.90
京沪穗江浙名校名师联手授课：如何写好高考作文	9787515356686	49.80
★ 人大附中中考作文取胜之道	9787515345567	59.90
★ 人大附中高考作文取胜之道	9787515320694	49.90
★ 人大附中学生这样学语文：走近经典名著	9787515328959	49.90
四界语文（入选《中国教育报》2017年度"教师喜爱的100本书"）	9787515348483	49.00
让小学一年级孩子爱上阅读的40个方法	9787515307589	39.90
让学生爱上数学的48个游戏	9787515326207	26.00
轻松100课教孩子阅读英文	9787515338781	88.00
情商教育/心理咨询		
如何防止校园霸凌：帮助孩子自信、有韧性和坚强成长的实用工具	9787515370156	59.90
连接课：与中小学学科课程并重的一门课	9787515370613	49.90
给大人的关于儿童青少年情绪与行为问题的应对指南	9787515366418	89.90
教师焦点解决方案：运用焦点解决方案管理学生情绪与行为	9787515369471	49.90
9节课，教你读懂孩子：妙解亲子教育、青春期教育、隔代教育难题	9787515351056	39.80
★ 学生版盖洛普优势识别器（独一无二的优势测量工具）	9787515350387	169.00
与孩子好好说话（获"美国国家育儿出版物（NAPPA）金奖"）	9787515350370	39.80
中小学心理教师的10项修炼	9787515309347	36.00
★ 别和青春期的孩子较劲（增订版）（入选《中国教育报》"2009年影响教师的100本书"）	9787515343075	39.90
★ 100条让孩子胜出的社交规则	9787515327648	28.00
守护孩子安全一定要知道的17个方法	9787515326405	32.00
幼儿园/学前教育		
幼儿园室内区域活动书：107个有趣的学习游戏活动	9787515369778	59.90
幼儿园户外区域活动书：106个有趣的学习游戏活动	9787515369761	59.90
中挪学前教育合作式学习：经验·对话·反思	9787515364858	79.00
幼小衔接听读能力课	9787515364643	33.00
用蒙台梭利教育法开启0~6岁男孩潜能	9787515361222	45.00
德国幼儿的自我表达课：不是孩子爱闹情绪，是她/他想说却不会说！	9787515359458	59.00
德国幼儿教育成功的秘密：近距离体验德国学前教育理念与幼儿园日常活动安排	9787515359465	49.80
美国儿童自然拼读启蒙课：至关重要的早期阅读训练系统	9787515351933	49.80
幼儿园30个大主题活动精选：让工作更轻松的整合技巧	9787515339627	39.80
★ 美国幼儿教育活动大百科：3-6岁儿童学习与发展指南用书 科学/艺术/健康与语言/社会	9787515324265等	600.00
蒙台梭利早期教育法：3-6岁儿童发展指南（理论版）	9787515322544	29.80
蒙台梭利儿童教育手册：3-6岁儿童发展指南（实践版）	9787515307664	33.00
★ 自由地学习：华德福的幼儿园教育	9787515328300	49.90

书名	书号	定价
教育主张/教育视野		
重新定义教育：为核心素养而教，为生存能力而学	9787515369945	59.90
重新定义学习：如何设计未来学校与引领未来学习	9787515367484	49.90
教育新思维：帮助孩子达成目标的实战教学法	9787515365848	49.00
★ 教学是如何发生的：关于教学与教师效能的开创性研究及其实践意义	9787515370323	59.90
★ 学习是如何发生的：教育心理学中的开创性研究及其实践意义	9787515366531	59.90
父母不应该错过的犹太人育儿法	9787515365688	59.00
如何在线教学：教师在智能教育新形态下的生存与发展	9787515365855	49.00
正向养育：黑幼龙的慢养哲学	9787515365671	39.90
颠覆教育的人：蒙台梭利传	9787515365572	59.90
如何科学地帮助孩子学习：每个父母都应知道的77项教育知识	9787515368092	59.00
学习的科学：每位教师都应知道的99项教育研究成果（升级版）	9787515368078	59.90
学习的科学：每位教师都应知道的77项教育研究成果	9787515364094	59.00
真实性学习：如何设计体验式、情境式、主动式的学习课堂	9787515363769	49.00
哈佛前1%的秘密（俞敏洪、成甲、姚梅林、张梅玲推荐）	9787515363349	59.90
基于七个习惯的自我领导力教育设计：让学校育人更有道，让学生自育更有根	9787515362809	69.00
终身学习：让学生在未来拥有不可替代的决胜力	9787515360560	49.90
颠覆性思维：为什么我们的阅读方式很重要	9787515360393	39.90
如何教学生阅读与思考：每位教师都需要的阅读训练手册	9787515359472	39.00
成长型教师：如何持续提升教师成长力、影响力与教育力	9787515368689	48.00
教出阅读力	9787515352800	39.90
为学生赋能：当学生自己掌控学习时，会发生什么	9787515352848	33.00
★ 如何用设计思维创意教学：风靡全球的创造力培养方法	9787515352367	39.80
如何发现孩子：实践蒙台梭利解放天性的趣味游戏	9787515325750	32.00
如何学习：用更短的时间达到更佳效果和更好成绩	9787515349084	49.00
教师和家长共同培养卓越学生的10个策略	9787515331355	27.00
★ 如何阅读：一个已被证实的低投入高回报的学习方法	9787515346847	39.00
★ 芬兰教育全球第一的秘密（钻石版）（《中国教育报》等主流媒体专题推荐）	9787515359922	59.00
培养终身学习能力和习惯的芬兰教育：成就每一个学生，拥有适应未来的核心素养和必备技能	9787515370415	59.00
★ 杰出青少年的7个习惯（精英版）	9787515342672	39.00
杰出青少年的7个习惯（成长版）	9787515335155	29.00
★ 杰出青少年的6个决定（领袖版）（全国优秀出版物奖）	9787515342658	49.90
★ 7个习惯教出优秀学生（第2版）（全球畅销书《高效能人士的七个习惯》教师版）	9787515342573	39.90
学习的科学：如何学习得更好更快（入选中国教育网2016年度"影响教师的100本书"）	9787515341767	39.80
杰出青少年构建内心世界的5个坐标（中国青少年成长公开课）	9787515314952	59.00
★ 跳出教育的盒子（第2版）（美国中小学教学经典畅销书）	9787515344676	35.00
夏烈教授给高中生的19场讲座	9787515318813	29.90
★ 学习之道：美国公认经典学习书	9787515342641	39.00
★ 翻转学习：如何更好地实践翻转课堂与慕课教学（中国教育新闻网2015年度"影响教师的100本书"）	9787515334837	32.00
★ 翻转课堂与慕课教学：一场正在到来的教育变革	9787515328232	26.00
翻转课堂与混合式教学：互联网+时代，教育变革的最佳解决方案	9787515349022	29.80
翻转课堂与深度学习：人工智能时代，以学生为中心的智慧教学	9787515351582	29.80
★ 奇迹学校：震撼美国教育界的教学传奇（中国教育新闻网2015年度"影响教师的100本书"）	9787515327044	36.00
★ 学校是一段旅程：华德福教师1-8年级教学手记	9787515327945	49.00
★ 高效能人士的七个习惯（30周年纪念版）（全球畅销书）	9787515360430	79.00

您可以通过如下途径购买：
1. 书　　店：各地新华书店、教育书店。
2. 网上书店：当当网（www.dangdang.com）、天猫（zqwts.tmall.com）、京东网（www.jd.com）。
3. 团　　购：各地教育部门、学校、教师培训机构、图书馆团购，可享受特别优惠。
　　购书热线：010-65511272 / 65516873